하루 10분 초등 문해력

한자 어휘편

3단계

글 이미선 · 그림 은소시

미래주니어

이 책의 구성

❶ 눈과 손으로 익히기
한자 찾기 놀이로 배울 한자를 눈으로 익히고, 따라 쓰면서 한자의 모양을 손으로 익혀요.

❷ 어휘 속 한자 찾기
교과 어휘 5개를 따라 쓰고, 어휘 속에서 한자가 어떤 뜻으로 쓰이는지 알아보세요.

❸ 교과 어휘 익히기
교과서에서 선별한 어휘의 뜻을 알아보고, 예문 속 빈칸 채우기로 어휘를 활용해요.

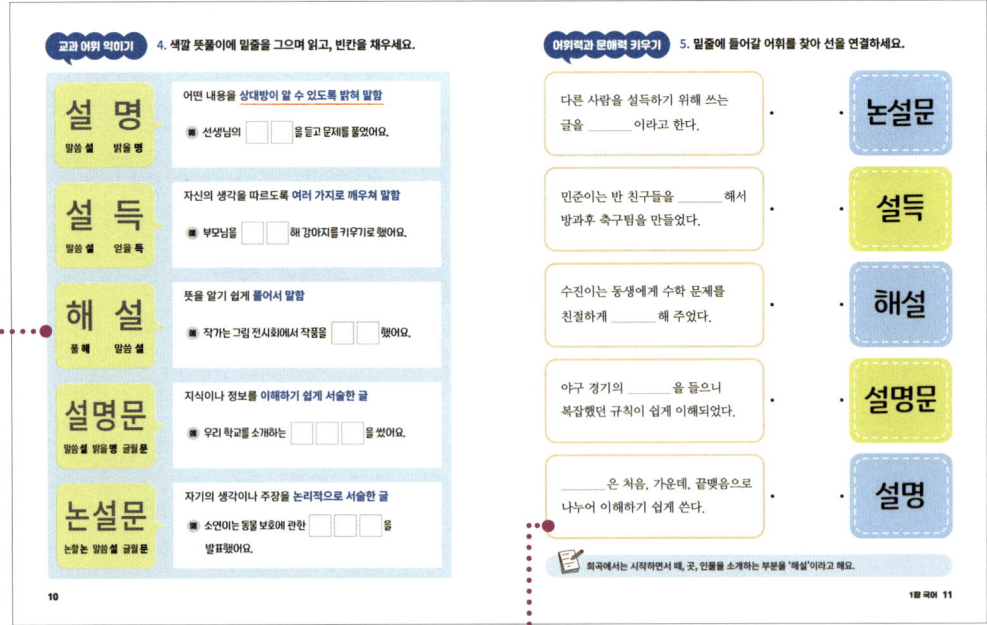

❹ 어휘력과 문해력 키우기
다양한 예문을 통해 어휘의 쓰임을 익히면서 어휘력과 문해력을 키워요.

❺ 어휘 복습하기
과목을 마칠 때마다 초성 퀴즈, 빈칸 채우기, 어휘 퍼즐 등으로 학습한 어휘를 재미있게 복습해요.

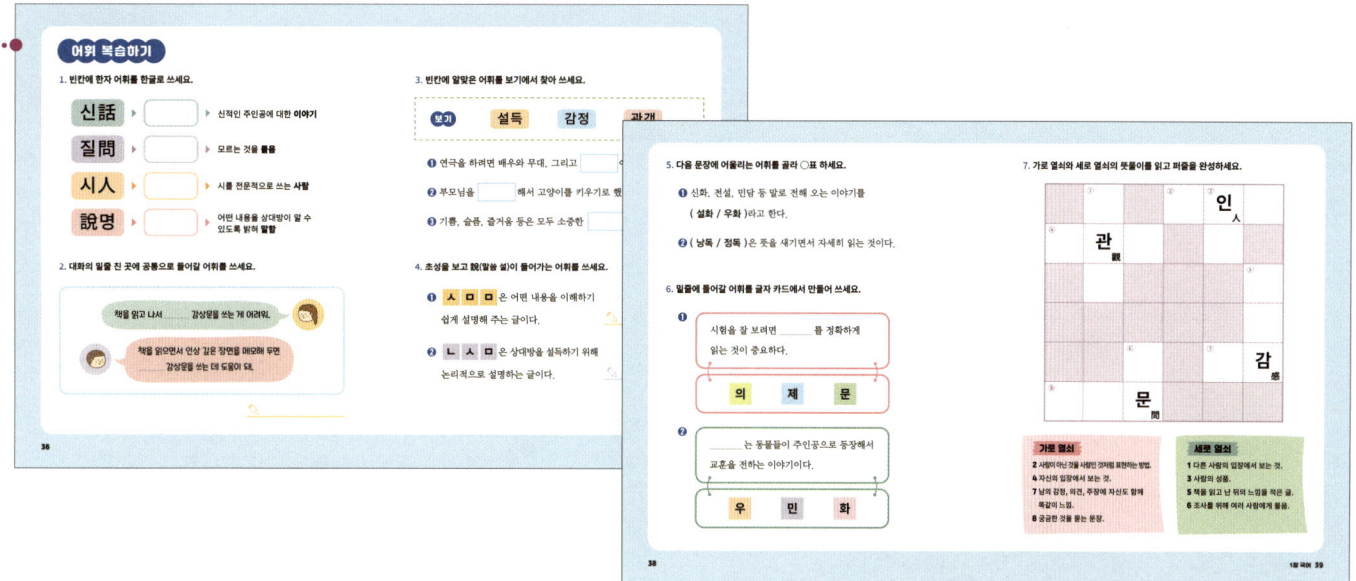

이 책의 특징

1. 국어, 사회, 수학, 과학, 예체능의 교과서 속 필수 어휘 수록
초등 교과서를 분석해 30일 분량의 핵심 한자와 관련 교과 어휘를 선별했습니다.
주요 교과목과 학교생활에서 접하는 생활 어휘도 함께 알아보았습니다.

2. 하루에 1개 한자, 5개 어휘씩 30일 완성하는 커리큘럼
매일 1개의 핵심 한자를 주제로 5개의 교과 어휘를 30일간 학습하는
교육 과정입니다. 한자 어휘의 의미를 익히면 교과서에서 만나는
낯선 어휘도 유추할 수 있는 힘이 자연스럽게 길러집니다.

3. 체계적인 단계별 학습으로 아이 스스로 자기주도학습 가능
본문은 같은 모양의 한자 찾기로 부담 없이 어휘 학습을 시작합니다.
어휘에 공통으로 들어가는 한자의 뜻 찾기, 한자 어휘 따라쓰기,
예문으로 활용하기 등으로 단계별 자기주도학습이 가능한 교재입니다.

차례

1장 국어

1일차	說	말씀 설 — 설명	설득	해설	설명문	논설문 … 8
2일차	人	사람 인 — 인물	인성	개인	시인	의인법 … 12
3일차	感	느낄 감 — 감정	감각	공감	감탄문	독후감 … 16
4일차	話	말할 화 — 화법	대화	우화	설화	신화 … 20
5일차	問	물을 문 — 문제	학문	질문	설문	의문문 … 24
6일차	讀	읽을 독 — 독서	독해	정독	낭독	묵독 … 28
7일차	觀	볼 관 — 관객	관점	주관적	객관적	가치관 … 32

어휘 복습하기 … 36

2장 사회

8일차	村	마을 촌 — 촌락	어촌	농촌	민속촌	지구촌 … 42
9일차	通	통할 통 — 통신	소통	교통	유통	통신사 … 46
10일차	富	부자 부 — 부자	부국	부유	빈부	부유층 … 50
11일차	産	생산할 산 — 산업	산유국	원산지	특산물	수산물 … 54
12일차	政	정치 정 — 정치	정부	정권	정당	국정 … 58
13일차	公	공평할 공 — 공익	공원	공개	공정	공청회 … 62
14일차	大	큰 대 — 대륙	대양	대첩	대패	대설 … 66
15일차	多	많을 다 — 다양	다자녀	다문화	다수결	다도해 … 70

어휘 복습하기 … 74

16일차	數	셈 수 수학 | 배수 | 소수 | 약수 | 자연수 … 80
17일차	對	마주할 대 대응 | 대칭 | 대각선 | 선대칭 | 점대칭 … 84
18일차	力	힘 력 속력 | 압력 | 중력 | 풍력 | 부력 … 88
19일차	氣	공기 기 기온 | 기체 | 기압 | 저기압 | 고기압 … 92
20일차	電	전기 전 전구 | 전류 | 전압 | 충전 | 전자석 … 96
21일차	性	성질 성 관성 | 탄성 | 중성 | 가능성 | 규칙성 … 100
22일차	氷	얼음 빙 빙하 | 빙붕 | 빙산 | 해빙 | 석빙고 … 104
23일차	巖	바위 암 이암 | 사암 | 석회암 | 퇴적암 | 현무암 … 108

어휘 복습하기 … 112

3장
수학·과학

4장
예체능·학교생활

24일차	色	빛 색 색상 | 보색 | 색상환 | 무채색 | 유채색 … 118
25일차	明	밝을 명 명도 | 명암 | 조명 | 투명 | 불투명 … 122
26일차	合	합할 합 합창 | 합주 | 합동 | 종합 | 통합 … 126
27일차	敎	가르칠 교 교사 | 교육 | 교훈 | 교과서 | 교무실 … 130
28일차	業	일 업 수업 | 학업 | 직업 | 분업 | 졸업 … 134
29일차	談	말씀 담 속담 | 상담 | 면담 | 덕담 | 험담 … 138
30일차	路	길 로 진로 | 통로 | 도로 | 가로수 | 교차로 … 142

어휘 복습하기 … 146   **정답** … 150   **찾아보기** … 165

1장

국어

| 1일차 | **說** 말씀 설
설명 \| 설득 \| 해설 \| 설명문 \| 논설문 |

| 2일차 | **人** 사람 인
인물 \| 인성 \| 개인 \| 시인 \| 의인법 |

| 3일차 | **感** 느낄 감
감정 \| 감각 \| 공감 \| 감탄문 \| 독후감 |

| 4일차 | **話** 말할 화
화법 \| 대화 \| 우화 \| 설화 \| 신화 |

| 5일차 | **問** 물을 문
문제 \| 학문 \| 질문 \| 설문 \| 의문문 |

| 6일차 | **讀** 읽을 독
독서 \| 독해 \| 정독 \| 낭독 \| 묵독 |

| 7일차 | **觀** 볼 관
관객 \| 관점 \| 주관적 \| 객관적 \| 가치관 |

1일차

월 일

說은 말씀, 말하다, 서술하다는 뜻이 있어요.

說 말씀 설
뜻 소리

눈으로 익히기

1. 說(말씀 설)과 같은 한자에 ○표 하세요.

人 感 話 感 話 人
話 人 說 感 說
感 話
說 說 人 感
說 人 說 話

5개를 찾으세요!

쓰면서 익히기 2. 한자를 소리 내어 읽고 따라 쓰세요.

쓰는 순서	一 亠 亐 言 言 言 言 訁 訁 訁 說 說 說 說				
說	說	說			
말씀 설	말씀 설	말씀 설			

어휘 속 한자 찾기 3. 어휘를 따라 쓰고 說에 해당하는 뜻에 ○표 하세요.

說 명 말씀 설 · 밝을 명	설명	어떤 내용을 상대방이 알 수 있도록 밝혀 **말함**
說 득 말씀 설 · 얻을 득	설득	자신의 생각을 따르도록 여러 가지로 깨우쳐 **말함**
해 說 풀 해 · 말씀 설	해설	뜻을 알기 쉽게 풀어서 **말함**
說 명 문 말씀 설 · 밝을 명 · 글월 문	설명문	지식이나 정보를 이해하기 쉽게 **서술한** 글
논 說 문 논할 논 · 말씀 설 · 글월 문	논설문	자기의 생각이나 주장을 논리적으로 **서술한** 글

교과 어휘 익히기

4. 색깔 뜻풀이에 밑줄을 그으며 읽고, 빈칸을 채우세요.

설명
말씀 **설** 밝을 **명**

어떤 내용을 **상대방이 알 수 있도록 밝혀 말함**

예) 선생님의 □□ 을 듣고 문제를 풀었어요.

설득
말씀 **설** 얻을 **득**

자신의 생각을 따르도록 **여러 가지로 깨우쳐 말함**

예) 부모님을 □□ 해 강아지를 키우기로 했어요.

해설
풀 **해** 말씀 **설**

뜻을 알기 쉽게 **풀어서 말함**

예) 작가는 그림 전시회에서 작품을 □□ 했어요.

설명문
말씀 **설** 밝을 **명** 글월 **문**

지식이나 정보를 **이해하기 쉽게 서술한 글**

예) 우리 학교를 소개하는 □□□ 을 썼어요.

논설문
논할 **논** 말씀 **설** 글월 **문**

자기의 생각이나 주장을 **논리적으로 서술한 글**

예) 소연이는 동물 보호에 관한 □□□ 을 발표했어요.

어휘력과 문해력 키우기

5. 밑줄에 들어갈 어휘를 찾아 선을 연결하세요.

다른 사람을 설득하기 위해 쓰는 글을 _____ 이라고 한다.	논설문
민준이는 반 친구들을 _____ 해서 방과후 축구팀을 만들었다.	설득
수진이는 동생에게 수학 문제를 친절하게 _____ 해 주었다.	해설
야구 경기의 _____ 을 들으니 복잡했던 규칙이 쉽게 이해되었다.	설명문
_____ 은 처음, 가운데, 끝맺음으로 나누어 이해하기 쉽게 쓴다.	설명

 희곡에서는 시작하면서 때, 곳, 인물을 소개하는 부분을 '해설'이라고 해요.

2일차

월 일

人 사람 인

뜻 　 소리

눈으로 익히기 1. 人(사람 인)과 같은 한자에 ○표 하세요.

感　人　問　人　問
　　人　　　　　　感
問　　感　話　人　話
　　　　　問　　　
　　　人　　　　感
話　　　　話　　
　　　感　　人
話　　　　問

쓰면서 익히기

2. 한자를 소리 내어 읽고 따라 쓰세요.

✏️ 쓰는 순서	ノ 人			
人	人	人		
사람 인	사람 인	사람 인		

어휘 속 한자 찾기

3. 어휘를 따라 쓰고 人에 해당하는 뜻에 ○표 하세요.

人 物 사람 인 · 만물 물	인물	이야기에서 어떤 역할을 맡은 (**사람**)
人 性 사람 인 · 성품 성	인성	**사람**의 성품
개 人 낱 개 · 사람 인	개인	사회나 단체 등을 이루는 낱낱의 **사람**
시 人 시 시 · 사람 인	시인	시를 전문적으로 쓰는 **사람**
의 人 법 비교할 의 · 사람 인 · 법 법	의인법	사람이 아닌 것을 **사람**인 것처럼 표현하는 방법

1장 국어 13

교과 어휘 익히기

4. 색깔 뜻풀이에 밑줄을 그으며 읽고, 빈칸을 채우세요.

인 물
사람 **인**   만물 **물**

이야기에서 어떤 **역할을 맡은 사람**

예) 동화책에 등장하는 ☐☐ 에 대해 소개했어요.

인 성
사람 **인**   성품 **성**

사람의 성품

예) 수진이는 ☐☐ 이 바른 친구예요.

개 인
낱 **개**   사람 **인**

사회나 단체 등을 이루는 **낱낱의 사람**

예) 토론 시간에 ☐☐ 의 의견을 나누었어요.

시 인
시 **시**   사람 **인**

시를 전문적으로 **쓰는 사람**

예) 지훈이는 ☐☐ 을 꿈꾸며 매일 시를 써요.

의인법
비교할 **의**   사람 **인**   법 **법**

사람이 아닌 것을 **사람인 것처럼 표현하는 방법**

예) ☐☐☐ 으로 대상을 친근하게 표현할 수 있어요.

어휘력과 문해력 키우기

5. 밑줄에 들어갈 어휘를 찾아 선을 연결하세요.

'꽃이 인사를 한다'와 같이 사람처럼 표현하는 방법이 _____ 이다.	인성
_____ 교육을 통해 다른 사람을 존중하고 배려하는 법을 배웠다.	개인
국어 시간에 좋아하는 _____ 의 시를 암송하여 발표했다.	의인법
각 교실마다 _____ 물품을 정리할 수 있는 사물함이 있다.	인물
역사 속 _____ 에 대해 알아보고 그들의 업적을 조사했다.	시인

 '바람이 노래한다, 나무가 춤을 춘다, 돌이 속삭인다' 등이 '의인법'으로 표현한 거예요.

3일차

월   일

感

느낄 감

뜻   소리

눈으로 익히기

1. 感(느낄 감)과 같은 한자에 ○표 하세요.

感   讀   話   讀   話   讀   感
讀   問
        話   感   問   讀   話
5개를   讀   感
찾으세요!   話
        問   話   問
                感   話
            問   讀

쓰면서 익히기 2. 한자를 소리 내어 읽고 따라 쓰세요.

✏️ 쓰는 순서	ノ 厂 厂 厂 厂 厉 咸 咸 咸 咸 感 感 感
感 느낄 감	感　　感 느낄 감　느낄 감

어휘 속 한자 찾기 3. 어휘를 따라 쓰고 感에 해당하는 뜻에 ○표 하세요.

感 정
느낄 감　뜻 정
→ 감정 → 어떤 사물이나 일에 대해 (느끼는)마음

感 각
느낄 감　깨달을 각
→ 감각 → 눈, 코, 귀, 혀 등을 통해 어떤 **느낌**을 알아차림

공 感
함께 공　느낄 감
→ 공감 → 남의 감정, 의견, 주장에 자신도 함께 똑같이 **느낌**

感 탄 문
느낄 감　읊을 탄　글월 문
→ 감탄문 → 자신의 **느낌**을 표현하는 문장

독 후 感
읽을 독　뒤 후　느낄 감
→ 독후감 → 책을 읽고 난 뒤의 **느낌**을 적은 글

교과 어휘 익히기

4. 색깔 뜻풀이에 밑줄을 그으며 읽고, 빈칸을 채우세요.

감정
느낄 **감**   뜻 **정**

어떤 사물이나 일에 대해 **느끼는 마음**

예) 그는 자신의 ☐☐ 을 노래로 표현했어요.

감각
느낄 **감**   깨달을 **각**

눈, 코, 귀, 혀 등을 통해 **어떤 느낌을 알아차림**

예) ☐☐ 이 예민한 고양이가 놀라 달아났어요.

공감
함께 **공**   느낄 **감**

남의 감정, 의견, 주장에 자신도 **함께 똑같이 느낌**

예) 슬픈 이야기에 ☐☐ 하며 눈물을 흘렸어요.

감탄문
느낄 **감**   읊을 **탄**   글월 **문**

자신의 **느낌을 표현하는 문장**

예) ☐☐☐ 의 끝에는 느낌표가 들어가요.

독후감
읽을 **독**   뒤 **후**   느낄 **감**

책을 읽고 난 뒤의 **느낌을 적은 글**

예) 책을 읽고 ☐☐☐ 을 썼어요.

어휘력과 문해력 키우기 5. 밑줄에 들어갈 어휘를 찾아 선을 연결하세요.

_____을 잘 표현하는 연습을 통해 서로를 좀 더 이해하게 됐다. • • 감각

방학 숙제로 추천 도서 중 한 권을 읽고 _____을 써야 한다. • • 공감

기쁨, 슬픔, 놀람 등의 느낌을 나타낸 문장을 _____이라고 한다. • • 감정

그녀는 패션 _____이 뛰어나서 옷을 멋지게 입고 다닌다. • • 독후감

친구는 서로의 이야기에 _____ 해 줄 때 더욱 가까워지고 친해진다. • • 감탄문

 '공감'은 친구가 행복할 때 함께 기뻐하고, 슬플 때 함께 슬퍼하는 것이에요.

4일차

話 말할 화
뜻 　 소리

눈으로 익히기 1. 話(말할 화)와 같은 한자에 ○표 하세요.

觀　問　話　問　　話　觀
　問　　　　　問
話　觀　讀　　　　讀
　　　　　　話
讀　問　　讀　　觀
　　　觀　　　
　　讀　　　話　問

5개를 찾으세요!

쓰면서 익히기 2. 한자를 소리 내어 읽고 따라 쓰세요.

쓰는 순서	一 二 三 言 言 言 言 訊 訊 訮 話 話			
話 말할 화	話 말할 화	話 말할 화		

어휘 속 한자 찾기 3. 어휘를 따라 쓰고 話에 해당하는 뜻에 ○표 하세요.

話 법 말할 화 / 법 법	화법	(말하는)방법
대 話 마주할 대 / 말할 화	대화	마주 보고 **이야기함**
우 話 맡길 우 / 말할 화	우화	동식물 등을 사람처럼 묘사해서 교훈을 전하는 **이야기**
설 話 말씀 설 / 말할 화	설화	신화, 전설, 민담 등 말로 전해 오는 **이야기**
신 話 귀신 신 / 말할 화	신화	신적인 주인공에 대한 **이야기**

교과 어휘 익히기

4. 색깔 뜻풀이에 밑줄을 그으며 읽고, 빈칸을 채우세요.

화 법
말할 **화** / 법 **법**

말하는 방법

예) 은재는 유머 있는 ☐☐ 으로 친구들에게 인기가 많아요.

대 화
마주할 **대** / 말할 **화**

마주 보고 이야기함

예) 나는 ☐☐ 가 잘 통하는 윤찬이가 좋아요.

우 화
맡길 **우** / 말할 **화**

동식물 등을 사람처럼 묘사해서 교훈을 전하는 이야기

예) 선생님께서 지혜가 담긴 ☐☐ 를 들려주셨어요.

설 화
말씀 **설** / 말할 **화**

신화, 전설, 민담 등 말로 전해 오는 이야기

예) ☐☐ 를 통해 우리 문화에 대해 알게 되었어요.

신 화
귀신 **신** / 말할 **화**

신적인 주인공에 대한 이야기

예) 《그리스 ☐☐》를 재미있게 읽었어요.

어휘력과 문해력 키우기 5. 밑줄에 들어갈 어휘를 찾아 선을 연결하세요.

《단군 _____》는 우리 민족의 시조인 단군에 대한 이야기이다. • • 신화

그는 설득력 있는 _____으로 자신의 의견을 잘 전달한다. • • 대화

《토끼와 거북이》는 성실함을 알려주는 교훈적인 _____이다. • • 우화

가족들과 함께 _____를 나누며 식사하는 시간이 필요하다. • • 화법

_____는 신화를 포함해 입으로 전해져 온 옛이야기를 말한다. • • 설화

 '화법'의 기본 원칙 중 하나는 명확하고 간결하게 말하기이며, 복잡하지 않게 설명하는 것이에요.

5일차

월 일

물을 문

뜻 소리

눈으로 익히기

1. 問(물을 문)과 같은 한자에 ○표 하세요.

讀 村 觀 村 觀 村 讀
村 讀 問 觀 問
觀 村 讀
問 觀 問
問 讀 問 觀
讀 村

5개를 찾으세요!

쓰면서 익히기

2. 한자를 소리 내어 읽고 따라 쓰세요.

✏️ 쓰는 순서	丨 冂 冂 冂 門 門 門 門 問 問 問
問 물을 문	問 물을 문	問 물을 문		

어휘 속 한자 찾기

3. 어휘를 따라 쓰고 問에 해당하는 뜻에 ○표 하세요.

問題 (물을 문 / 제목 제) → 문제 → 답을 요구하는 (물)음

學問 (배울 학 / 물을 문) → 학문 → 어떤 분야를 체계적으로 배우고 **물어서** 익힘

質問 (본질 질 / 물을 문) → 질문 → 모르는 것을 **물음**

設問 (베풀 설 / 물을 문) → 설문 → 조사를 위해 여러 사람에게 **물음**

疑問文 (의심할 의 / 물을 문 / 글월 문) → 의문문 → 궁금한 것을 **묻는** 문장

교과 어휘 익히기

4. 색깔 뜻풀이에 밑줄을 그으며 읽고, 빈칸을 채우세요.

문제
물을 문 · 제목 제

답을 요구하는 물음

예) ☐☐ 가 어려워서 참고서를 살펴보았어요.

학문
배울 학 · 물을 문

어떤 분야를 체계적으로 **배우고 물어서 익힘**

예) ☐☐ 은 새로운 지식을 배우고 알아가는 공부예요.

질문
본질 질 · 물을 문

모르는 것을 물음

예) 궁금한 점은 ☐☐ 해 주세요.

설문
베풀 설 · 물을 문

조사를 위해 **여러 사람에게 물음**

예) 학교 폭력에 대한 ☐☐ 조사를 했어요.

의문문
의심할 의 · 물을 문 · 글월 문

궁금한 것을 묻는 문장

예) ☐☐☐ 의 끝에는 물음표를 붙여요.

어휘력과 문해력 키우기

5. 밑줄에 들어갈 어휘를 찾아 선을 연결하세요.

강사는 강연이 끝난 뒤, 사람들의 _____에 친절하게 답변했다.	의문문
토론에 앞서 _____ 조사를 실시해 필요한 자료를 수집했다.	문제
"이거 가져도 돼요?"처럼 물어보는 문장을 _____이라고 한다.	질문
수학 _____가 어려워서 선생님께 질문 드렸더니 쉽게 설명해 주셨다.	설문
_____은 새로운 지식을 탐구하는 일이며 우리의 호기심을 자극한다.	학문

 '설문'은 질문지를 작성해서 여러 사람들의 의견이나 정보를 모으는 방법이에요.

6일차

월   일

讀 읽을 독
뜻   소리

눈으로 익히기

1. 讀(읽을 독)과 같은 한자에 ○표 하세요.

觀　讀　通　讀　　通　觀
讀　　　　　　讀
通　觀　村　　　村
　　　　　通
村　讀　村　　觀
　　觀　　讀
　　　　通

5개를 찾으세요!

28

쓰면서 익히기

2. 한자를 소리 내어 읽고 따라 쓰세요.

쓰는 순서	言 言 言 言 訁 訁 訃 訃 評 誧 誧 讀 讀 讀 讀 讀 讀				
讀 읽을 독	讀 읽을 독	讀 읽을 독			

어휘 속 한자 찾기

3. 어휘를 따라 쓰고 讀에 해당하는 뜻에 ○표 하세요.

讀 서 읽을 독 / 글 서	독서	책을 (읽음)
讀 해 읽을 독 / 깨달을 해	독해	글을 **읽어서** 뜻을 이해함
정 讀 자세할 정 / 읽을 독	정독	뜻을 새기며 자세히 살펴 **읽음**
낭 讀 밝을 낭 / 읽을 독	낭독	소리 내어 밝게 글을 **읽음**
묵 讀 잠잠할 묵 / 읽을 독	묵독	소리를 내지 않고 속으로 글을 **읽음**

교과 어휘 익히기

4. 색깔 뜻풀이에 밑줄을 그으며 읽고, 빈칸을 채우세요.

독 서
읽을 독 / 글 서

책을 읽음

예) ☐☐ 를 많이 하면 글쓰기가 쉬워져요.

독 해
읽을 독 / 깨달을 해

글을 읽어서 뜻을 이해함

예) 영어 ☐☐ 는 쉬운데, 영작은 어려워요.

정 독
자세할 정 / 읽을 독

뜻을 새기며 **자세히 살펴 읽음**

예) ☐☐ 을 통해 집중력을 기를 수 있어요.

낭 독
밝을 낭 / 읽을 독

소리 내어 밝게 글을 읽음

예) ☐☐ 을 하면 발음이 좋아지고 말하기 실력이 늘어요.

묵 독
잠잠할 묵 / 읽을 독

소리를 내지 않고 **속으로 글을 읽음**

예) 도서관에서 책을 읽을 때는 ☐☐ 을 해요.

어휘력과 문해력 키우기

5. 밑줄에 들어갈 어휘를 찾아 선을 연결하세요.

우리 반은 아침 _____ 시간을 정해서 매일 함께 책을 읽고 있다.	**정독**
글을 이해하는 _____ 능력을 키우기 위해 어휘 공부를 하고 있다.	**독서**
내용이 어려운 책은 집중해서 천천히 _____ 해야 한다.	**독해**
입학생을 대표해서 윤찬이가 입학식에서 선서문을 _____ 했다.	**묵독**
_____은 소리를 내지 않고 조용히 책을 읽는 것을 뜻한다.	**낭독**

 '정독'을 할 때는 필기구를 사용해 중요한 부분에 밑줄을 긋거나 메모를 하면 도움이 돼요.

7일차

월   일

觀 볼 관
뜻   소리

눈으로 익히기

1. 觀(볼 관)과 같은 한자에 ○표 하세요.

觀 村 富 村 觀 富
富 觀 富 通 村 通
  通 富 觀
  村 富
通 村 通 觀
通 觀 通 村
  富

5개를 찾으세요!

32

2. 한자를 소리 내어 읽고 따라 쓰세요.

쓰는 순서	⺧ 吕 吕 芎 芎 萑 萑 雚 雚 雚ㅓ 觀ㅓ 觀ㅓ 觀ㅓ 觀 觀			
觀 볼 관	觀 볼 관	觀 볼 관		

3. 어휘를 따라 쓰고 觀에 해당하는 뜻에 ○표 하세요.

觀 객 볼관 손님객	관객	경기, 공연, 영화 등을 (보는) 사람
觀 점 볼관 점점	관점	사물이나 현상을 **바라보고** 생각하는 태도
주 觀 적 주인주 볼관 과녁적	주관적	자신의 입장에서 **보는** 것
객 觀 적 손님객 볼관 과녁적	객관적	다른 사람의 입장에서 **보는** 것
가 치 觀 값가 값치 볼관	가치관	가치에 대해 **바라보는** 관점

교과 어휘 익히기

4. 색깔 뜻풀이에 밑줄을 그으며 읽고, 빈칸을 채우세요.

관객
볼 관 손님 객

경기, 공연, 영화 등을 <u>**보는 사람**</u>

예) 공연장에 많은 □□ 이 모였어요.

관점
볼 관 점 점

사물이나 현상을 **바라보고 생각하는 태도**

예) 글에는 글쓴이의 □□ 이 나타나 있어요.

주관적
주인 주 볼 관 과녁 적

자신의 입장에서 보는 것

예) 맛을 평가하는 것은 □□□ 이에요.

객관적
손님 객 볼 관 과녁 적

다른 사람의 입장에서 보는 것

예) 뉴스는 □□□ 인 사실을 바탕으로 해요.

가치관
값 가 값 치 볼 관

가치에 대해 바라보고 관점

예) □□□ 은 어떤 행동을 할 때 바탕이 되는 생각을 뜻해요.

어휘력과 문해력 키우기

5. 밑줄에 들어갈 어휘를 찾아 선을 연결하세요.

- 이번 사건의 옳고 그름을 공정하고 _____으로 판단해야 한다. • • 가치관

- 사람마다 다른 _____을 인정하고 존중할 줄 알아야 한다. • • 객관적

- 공연이 끝난 후 모든 _____이 자리에서 일어나 박수를 보냈다. • • 관객

- 같은 주제에 대해서 글쓴이에 따라 _____이 달라질 수 있다. • • 주관적

- 이 영화는 _____인 의견이 많아서 사람마다 다르게 느낄 수 있다. • • 관점

 '가치관'은 어떤 선택이나 행동을 선택할 때 판단 기준이 되는 생각을 말해요.

어휘 복습하기

1. 빈칸에 한자 어휘를 한글로 쓰세요.

2. 대화의 밑줄 친 곳에 공통으로 들어갈 어휘를 쓰세요.

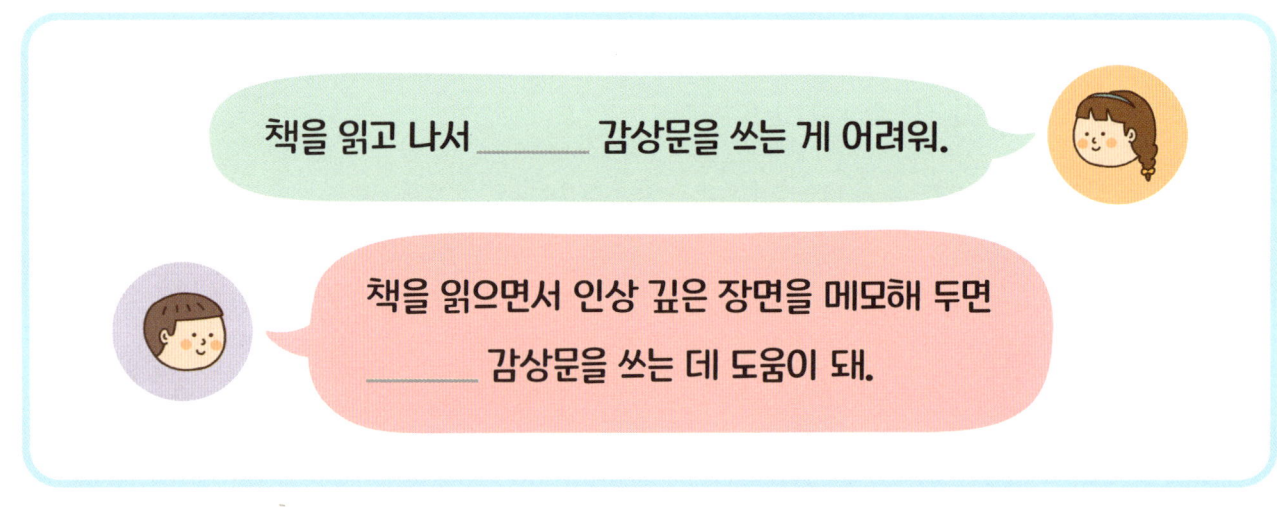

3. 빈칸에 알맞은 어휘를 보기에서 찾아 쓰세요.

보기   설득   감정   관객

① 연극을 하려면 배우와 무대, 그리고 [　　] 이 필요하다.

② 부모님을 [　　] 해서 고양이를 키우기로 했다.

③ 기쁨, 슬픔, 즐거움 등은 모두 소중한 [　　] 이다.

4. 초성을 보고 說(말씀 설)이 들어가는 어휘를 쓰세요.

① ㅅ ㅁ ㅁ 은 어떤 내용을 이해하기 쉽게 설명해 주는 글이다.

② ㄴ ㅅ ㅁ 은 상대방을 설득하기 위해 논리적으로 설명하는 글이다.

5. 다음 문장에 어울리는 어휘를 골라 ○표 하세요.

❶ 신화, 전설, 민담 등 말로 전해 오는 이야기를 (**설화** / **우화**)라고 한다.

❷ (**낭독** / **정독**)은 뜻을 새기면서 자세히 읽는 것이다.

6. 밑줄에 들어갈 어휘를 글자 카드에서 만들어 쓰세요.

❶ 시험을 잘 보려면 _____를 정확하게 읽는 것이 중요하다.

의 　 제 　 문

❷ _____는 동물들이 주인공으로 등장해서 교훈을 전하는 이야기이다.

우 　 민 　 화

7. 가로 열쇠와 세로 열쇠의 뜻풀이를 읽고 퍼즐을 완성하세요.

가로 열쇠

2 사람이 아닌 것을 사람인 것처럼 표현하는 방법.
4 자신의 입장에서 보는 것.
7 남의 감정, 의견, 주장에 자신도 함께 똑같이 느낌.
8 궁금한 것을 묻는 문장.

세로 열쇠

1 다른 사람의 입장에서 보는 것.
3 사람의 성품.
5 책을 읽고 난 뒤의 느낌을 적은 글.
6 조사를 위해 여러 사람에게 물음.

2장
사회

| 8일차 | 村 | 마을 촌
촌락 | 어촌 | 농촌 | 민속촌 | 지구촌

| 9일차 | 通 | 통할 통
통신 | 소통 | 교통 | 유통 | 통신사

| 10일차 | 富 | 부자 부
부자 | 부국 | 부유 | 빈부 | 부유층

| 11일차 | 産 | 생산할 산
산업 | 산유국 | 원산지 | 특산물 | 수산물

| 12일차 | 政 | 정치 정
정치 | 정부 | 정권 | 정당 | 국정

| 13일차 | 公 | 공평할 공
공익 | 공원 | 공개 | 공정 | 공청회

| 14일차 | 大 | 큰 대
대륙 | 대양 | 대첩 | 대패 | 대설

| 15일차 | 多 | 많을 다
다양 | 다자녀 | 다문화 | 다수결 | 다도해

8일차

월   일

村 마을 촌

뜻 소리

눈으로 익히기 1. 村(마을 촌)과 같은 한자에 ○표 하세요.

産 通 村 通   村
通   通   産
村 産 富   富
         村
富 通 富   産
    産   通
 富   村

5개를 찾으세요!

42

쓰면서 익히기 2. 한자를 소리 내어 읽고 따라 쓰세요.

쓰는 순서	一 十 才 才 木 村 村			
村 마을 촌	村 마을 촌	村 마을 촌		

어휘 속 한자 찾기 3. 어휘를 따라 쓰고 村에 해당하는 뜻에 ○표 하세요.

村(마을 촌) 락(마을 락) → 촌락 : 농촌, 어촌, 산촌 등 시골의 작은 (마을)

어(고기 잡을 어) 村(마을 촌) → 어촌 : 고기잡이하는 사람들이 모여 사는 바닷가 **마을**

농(농사 농) 村(마을 촌) → 농촌 : 농사짓는 사람들이 모여 사는 **마을**

민(백성 민) 속(풍속 속) 村(마을 촌) → 민속촌 : 전통 생활 양식을 간직하고 있는 **마을**

지(땅 지) 구(공 구) 村(마을 촌) → 지구촌 : 지구 전체를 하나의 **마을**처럼 여겨 이르는 말

교과 어휘 익히기

4. 색깔 뜻풀이에 밑줄을 그으며 읽고, 빈칸을 채우세요.

촌락
마을 촌　마을 락

농촌, 어촌, 산촌 등 <u>시골의 작은 마을</u>

예 ☐☐ 에는 젊은 사람들보다 노인이 많아요.

어촌
고기 잡을 어　마을 촌

<u>고기잡이하는 사람들</u>이 모여 사는 바닷가 <u>마을</u>

예 ☐☐ 의 어부들은 아침 일찍 배를 타고 나가요.

농촌
농사 농　마을 촌

<u>농사짓는 사람들</u>이 모여 사는 <u>마을</u>

예 ☐☐ 에서는 다양한 농작물을 키워요.

민속촌
백성 민　풍속 속　마을 촌

<u>전통 생활 양식</u>을 간직하고 있는 <u>마을</u>

예 외국인 친구에게 ☐☐☐ 을 구경시켜 주었어요.

지구촌
땅 지　공 구　마을 촌

<u>지구 전체를 하나의 마을</u>처럼 여겨 이르는 말

예 ☐☐☐ 곳곳에 기상 이변이 일어나고 있어요.

어휘력과 문해력 키우기

5. 밑줄에 들어갈 어휘를 찾아 선을 연결하세요.

_____에서는 주로 고기잡이를 하고 염전에서 소금을 만들기도 한다. • • 농촌

_____에서는 논밭에서 계절마다 다양한 농작물을 수확한다. • • 지구촌

올림픽은 _____의 평화와 화합을 위한 스포츠 축제이다. • • 어촌

_____은 자연환경에 따라 농촌, 어촌, 산촌으로 구분한다. • • 촌락

가족들과 _____에 방문해서 옛날 사람들이 살던 집을 구경했다. • • 민속촌

 '촌락'에서는 주로 농업이나 목축을 하며, 도시에서는 산업과 상업 활동이 활발해요.

9일차

월 일

通 통할 통
뜻 소리

눈으로 익히기

1. 通(통할 통)과 같은 한자에 ○표 하세요.

富 産 政 産 政 富
政 産 通 産 通
富 政 富
通 政 通
産 通 産
通 富 政 産

5개를 찾으세요!

46

쓰면서 익히기 2. 한자를 소리 내어 읽고 따라 쓰세요.

쓰는 순서	丶 丶 丶 甬 甬 甬 甬 涌 涌 通 通			
通 통할 통	通 통할 통	通 통할 통		

어휘 속 한자 찾기 3. 어휘를 따라 쓰고 通에 해당하는 뜻에 ○표 하세요.

通 통할 통	신 소식 신	통신	소식을 **전함**
소 소통할 소	通 통할 통	소통	뜻이 서로 **통함**
교 오고 갈 교	通 통할 통	교통	자동차, 배 등을 이용해 사람과 물건 등이 **오가는** 일
유 흐를 유	通 통할 통	유통	물건이 생산자에서 소비자에게 **전달**되는 과정
通 통할 통	신 소식 신	사 사신 사	통신사	나라 간의 **소통**을 위해 조선에서 일본으로 보내던 사신

2장 사회

교과 어휘 익히기 4. 색깔 뜻풀이에 밑줄을 그으며 읽고, 빈칸을 채우세요.

통신
통할 **통** 소식 **신**

소식을 전함

예) 이동 [ ][ ] 의 발달로 스마트폰을 사용할 수 있게 되었어요.

소통
소통할 **소** 통할 **통**

뜻이 서로 통함

예) 가족과의 [ ][ ] 이 중요해요.

교통
오고 갈 **교** 통할 **통**

자동차, 배 등을 이용해 **사람과 물건 등이 오가는 일**

예) 여행 가는 길에 [ ][ ] 체증이 심했어요.

유통
흐를 **유** 통할 **통**

물건이 생산자에서 **소비자에게 전달되는 과정**

예) 제품은 여러 [ ][ ] 단계를 거쳐 배송돼요.

통신사
통할 **통** 소식 **신** 사신 **사**

나라 간의 소통을 위해 **조선에서 일본으로 보내던 사신**

예) 조선 시대에는 [ ][ ][ ] 가 외교 사절단 역할을 했어요.

어휘력과 문해력 키우기 5. 밑줄에 들어갈 어휘를 찾아 선을 연결하세요.

버스와 지하철은 도시에서 쉽게 이용할 수 있는 _____ 수단이다.	통신사
_____는 조선 시대에 일본과의 교류를 위해 일했던 사람들이다.	교통
_____의 발달로 세계 여러 나라의 친구들과도 쉽게 소통할 수 있다.	유통
우유를 살 때는 _____ 기한을 반드시 확인하고 구매한다.	통신
친구 사이에서 _____이 부족하면 오해가 생기기 쉽다.	소통

조선과 일본은 좋은 관계를 유지하고 원활한 무역을 위해 외교 사절단인 '통신사'를 서로 보냈어요.

10일차

富 부자 부

눈으로 익히기

1. 富(부자 부)와 같은 한자에 ○표 하세요.

產 富 公 富 公
公 產 政 富 產
　 產 政 公 政
政 富 政 產
　 產 公 富

5개를 찾으세요!

50

쓰면서 익히기 2. 한자를 소리 내어 읽고 따라 쓰세요.

쓰는 순서	丶丶宀宀宀宀宀宫宫宫富富			
富	富	富		
부자 부	부자 부	부자 부		

어휘 속 한자 찾기 3. 어휘를 따라 쓰고 富에 해당하는 뜻에 ○표 하세요.

富 자	부자	(재물이 많은)사람
부자 부 사람 자		
富 국	부국	**부유한** 나라
부자 부 나라 국		
富 유	부유	**재물이 많고** 넉넉함
부자 부 넉넉할 유		
빈 富	빈부	가난함과 **부유함**
가난할 빈 부자 부		
富 유 층	부유층	**재산이 많고** 넉넉하여 풍족하게 사는 계층
부자 부 넉넉할 유 층 층		

교과 어휘 익히기

4. 색깔 뜻풀이에 밑줄을 그으며 읽고, 빈칸을 채우세요.

부 자
부자 **부** 사람 **자**

재물이 많은 사람

예) 그는 사업에 성공해 ☐☐ 가 되었어요.

부 국
부자 **부** 나라 **국**

부유한 나라

예) ☐☐ 은 국민들의 생활 수준이 높아요.

부 유
부자 **부** 넉넉할 **유**

재물이 많고 넉넉함

예) 나라가 ☐☐ 해지면 복지도 좋아져요.

빈 부
가난할 **빈** 부자 **부**

가난함과 부유함

예) ☐☐ 격차 문제를 해결하기 위해 노력해요.

부유층
부자 **부** 넉넉할 **유** 층 **층**

재산이 많고 넉넉하여 풍족하게 사는 계층

예) 해외 ☐☐☐ 을 유치하기 위한 관광 상품이 늘었어요.

어휘력과 문해력 키우기

5. 밑줄에 들어갈 어휘를 찾아 선을 연결하세요.

빈곤층과 _____의 소득 격차가 점점 심해지고 있다. • • 부유

_____은 경제적으로 잘살고 매우 발전한 나라를 의미한다. • • 부유층

그는 복권이 1등에 당첨되어 하루아침에 _____가 되었다. • • 부국

_____ 격차가 심해지면 사회적으로 불안과 갈등이 더 많이 생긴다. • • 부자

지호는 _____한 가정에서 태어나 어려움을 모르고 자랐다. • • 빈부

 '부국'은 경제적으로 발전하여 국민들의 생활 수준이 높고 '부유'한 나라를 의미해요.

11일차

월 일

産은 생산하다, 낳다, 나다의 뜻이 있어요.

産 생산할 산
뜻 · 소리

눈으로 익히기

1. 産(생산할 산)과 같은 한자에 ○표 하세요.

5개를 찾으세요!

産 大 政 大 政 大 産
政 公 政 公
産 公 大 産
政 大 公
公 政 公 産
公 産 大 政

쓰면서 익히기

2. 한자를 소리 내어 읽고 따라 쓰세요.

쓰는 순서	丶 亠 产 产 产 产 产 産 産			
産 생산할 산	産 생산할 산	産 생산할 산		

어휘 속 한자 찾기

3. 어휘를 따라 쓰고 産에 해당하는 뜻에 ○표 하세요.

産 업
생산할 산 일 업
→ 산업 → 생활에 필요한 재화나 서비스를 ⓢ생산하는⚪일

産 유 국
생산할 산 기름 유 나라 국
→ 산유국 → 석유를 **생산하는** 나라

원 産 지
근원 원 생산할 산 땅 지
→ 원산지 → 물건이 **생산된** 지역

특 産 물
특별할 특 생산할 산 물건 물
→ 특산물 → 어떤 지역에서 특별하게 **생산되는** 물건

수 産 물
물 수 생산할 산 물건 물
→ 수산물 → 바다나 강에서 **나는** 것

교과 어휘 익히기

4. 색깔 뜻풀이에 밑줄을 그으며 읽고, 빈칸을 채우세요.

산 업
생산할 **산**   일 **업**

생활에 필요한 재화나 서비스를 **생산하는 일**

예) 관광업, 서비스업 등은 3차 □□에 속해요.

산유국
생산할 **산** 기름 **유** 나라 **국**

석유를 생산하는 나라

예) □□□들은 석유를 수출해 많은 돈을 벌어요.

원산지
근원 **원** 생산할 **산** 땅 **지**

물건이 생산된 지역

예) 이 초콜릿의 □□□는 스위스라고 적혀 있어요.

특산물
특별할 **특** 생산할 **산** 물건 **물**

어떤 지역에서 **특별하게 생산되는 물건**

예) 강화도의 □□□은 인삼이에요.

수산물
물 **수** 생산할 **산** 물건 **물**

바다나 강에서 나는 것

예) □□□ 시장에 가서 생선과 조개를 샀어요.

어휘력과 문해력 키우기

5. 밑줄에 들어갈 어휘를 찾아 선을 연결하세요.

- 감귤은 제주도에서 나는 대표적인 _____로 맛이 새콤달콤하다. • • 산유국

- _____들이 석유 생산량을 줄여 석유의 가격이 상승했다. • • 특산물

- 우리나라는 삼면이 바다로 둘러싸여 다양한 _____을 얻을 수 있다. • • 산업

- 수입한 농산물에도 _____를 표시하는 제도가 운영되고 있다. • • 원산지

- 농업은 식량을 생산하는 우리나라의 중요한 _____ 중 하나이다. • • 수산물

 강원도는 감자와 옥수수, 경상북도는 사과, 울릉도는 오징어 등 지역마다 '특산물'이 있어요.

12일차

월 일

政 정치 정
뜻 · 소리

눈으로 익히기 1. 政(정치 정)과 같은 한자에 ○표 하세요.

多 公 政 公 政
政 多 大 公 多
　 　 大 政 大
大 公 大 多
　 多 政 公

5개를 찾으세요!

58

쓰면서 익히기 2. 한자를 소리 내어 읽고 따라 쓰세요.

쓰는 순서	一 丁 下 下 正 正 正 政 政			
政 정치 정	政 정치 정	政 정치 정		

어휘 속 한자 찾기 3. 어휘를 따라 쓰고 政에 해당하는 뜻에 ○표 하세요.

政 치 정치 정 · 다스릴 치	정치	⊙나라를 다스리는⊙ 일
政 부 정치 정 · 마을 부	정부	**나라를 다스리는** 국가 기관
政 권 정치 정 · 권력 권	정권	**나라를 다스리는** 권력
政 당 정치 정 · 무리 당	정당	**정치**에 대해 생각이 비슷한 사람들이 모여 만든 단체
국 政 나라 국 · 정치 정	국정	나라의 **정치**

교과 어휘 익히기 4. 색깔 뜻풀이에 밑줄을 그으며 읽고, 빈칸을 채우세요.

정 치
정치 **정** 다스릴 **치**

나라를 다스리는 일

예) 나랏일은 물론 학급 회의와 가족 회의도 ☐☐에 속해요.

정 부
정치 **정** 마을 **부**

나라를 다스리는 국가 기관

예) 대통령은 ☐☐의 최고 우두머리예요.

정 권
정치 **정** 권력 **권**

나라를 다스리는 권력

예) ☐☐이 바뀌면 새로운 정책들이 생겨나요.

정 당
정치 **정** 무리 **당**

정치에 대해 생각이 비슷한 사람들이 모여 만든 단체

예) ☐☐은 국민들의 의견을 모아 정부에 전달해요.

국 정
나라 **국** 정치 **정**

나라의 정치

예) ☐☐ 운영을 잘하면 국민들이 더 행복해져요.

어휘력과 문해력 키우기 5. 밑줄에 들어갈 어휘를 찾아 선을 연결하세요.

선거를 할 때 '무소속' 후보는 소속된 _____이 없는 사람이라는 뜻이다.	정부
_____는 나랏일을 하는 기관이며, 좁게는 행정 기관만 뜻한다.	정당
선거가 끝나고 새로운 _____이 들어서면 국민들의 기대도 커진다.	정치
_____를 하는 사람은 국민들에게 신뢰와 믿음을 주어야 한다.	국정
새로운 _____ 계획에 따라 교육 제도가 내년부터 바뀔 예정이다.	정권

'정치'는 크게는 나라를 다스리는 일이고, 좁게는 사람들 사이의 다툼을 해결하는 활동도 포함해요.

13일차

월 일

공평할 공

(뜻) (소리)

公은 널리, 여럿 이라는 뜻도 있어요.

눈으로 익히기

1. 公(공평할 공)과 같은 한자에 ○표 하세요.

大 數 多 數 多 大 數
數 大 公 多 公
多 數 大
公 多 公
公 大 數

쓰면서 익히기 2. 한자를 소리 내어 읽고 따라 쓰세요.

쓰는 순서	ノ ハ 公 公			
公	公	公		
공평할 공	공평할 공	공평할 공		

어휘 속 한자 찾기 3. 어휘를 따라 쓰고 公에 해당하는 뜻에 ○표 하세요.

| 公 익 | 공익 | (여러 사람)을 위한 이익 |
| 공평할 공 · 더할 익 | | |

| 公 원 | 공원 | 여러 사람이 쉴 수 있게 마련한 시설 |
| 공평할 공 · 동산 원 | | |

| 公 개 | 공개 | 여러 사람에게 널리 터놓음 |
| 공평할 공 · 열 개 | | |

| 公 정 | 공정 | 공평하고 올바름 |
| 공평할 공 · 바를 정 | | |

| 公 청 회 | 공청회 | 여러 사람의 의견을 듣는 회의 |
| 공평할 공 · 들을 청 · 모일 회 | | |

교과 어휘 익히기

4. 색깔 뜻풀이에 밑줄을 그으며 읽고, 빈칸을 채우세요.

공익
공평할 공 / 더할 익

여러 사람을 위한 이익

예) 국민 전체를 위해 만든 광고를 ☐☐ 광고라고 해요.

공원
공평할 공 / 동산 원

여러 사람이 쉴 수 있게 마련한 시설

예) ☐☐ 에서 강아지와 산책을 해요.

공개
공평할 공 / 열 개

여러 사람에게 널리 터놓음

예) 학교 ☐☐ 수업에 학부모님들이 오셨어요.

공정
공평할 공 / 바를 정

공평하고 올바름

예) 판사는 재판을 ☐☐ 하게 해요.

공청회
공평할 공 / 들을 청 / 모일 회

여러 사람의 의견을 듣는 회의

예) 정책 시행 전에 ☐☐☐ 에서 국민과 전문가의 의견을 들어요.

어휘력과 문해력 키우기 5. 밑줄에 들어갈 어휘를 찾아 선을 연결하세요.

로봇 박람회에서 새로운 신기술을 _____ 해 많은 사람들이 모였다.	공정
새로운 교통 계획을 주민들에게 설명하는 _____가 열렸다.	공청회
공기업들은 개인의 이익보다는 _____을 우선으로 한다.	공익
집 앞에 있는 _____에서 산책을 하고 자전거도 탄다.	공원
심판은 항상 _____하게 판단해서 경기를 진행해야 한다.	공개

 '공청회'는 정부나 기관이 중요한 결정을 내리기 전에 국민의 의견을 듣는 자리예요.

14일차

월 일

大 큰 대
뜻 소리

눈으로 익히기

1. 大(큰 대)와 같은 한자에 ○표 하세요.

多 大 對 大 對 多
對 多 數 大 數
對 多 數
數 大 數 多
數 多 對 大

5개를 찾으세요!

쓰면서 익히기 2. 한자를 소리 내어 읽고 따라 쓰세요.

✏️ 쓰는 순서	一 ナ 大			
大	大	大		
큰 대	큰 대	큰 대		

어휘 속 한자 찾기 3. 어휘를 따라 쓰고 大에 해당하는 뜻에 ○표 하세요.

| 大 륙 | 대륙 | ⃝크고⃝ 넓은 땅 |
| 큰 대 / 육지 륙 | | |

| 大 양 | 대양 | **크고** 넓은 바다 |
| 큰 대 / 큰 바다 양 | | |

| 大 첩 | 대첩 | **크게** 이긴 승리 |
| 큰 대 / 이길 첩 | | |

| 大 패 | 대패 | 싸움이나 경기에서 **크게** 짐 |
| 큰 대 / 패할 패 | | |

| 大 설 | 대설 | **많이** 오는 눈 |
| 큰 대 / 눈 설 | | |

교과 어휘 익히기

4. 색깔 뜻풀이에 밑줄을 그으며 읽고, 빈칸을 채우세요.

대륙
큰 대 / 육지 륙

<u>크고 넓은 땅</u>

예) 아시아는 세계에서 가장 큰 ☐☐ 이에요.

대양
큰 대 / 큰 바다 양

<u>크고 넓은 바다</u>

예) 태평양은 세계에서 가장 큰 ☐☐ 이에요.

대첩
큰 대 / 이길 첩

<u>크게 이긴 승리</u>

예) 행주 ☐☐ 은 권율 장군이 행주산성에서 일본군을 물리친 전투예요.

대패
큰 대 / 패할 패

싸움이나 경기에서 <u>크게 짐</u>

예) 전쟁에서 ☐☐ 하여 많은 병사가 다쳤어요.

대설
큰 대 / 눈 설

<u>많이 오는 눈</u>

예) ☐☐ 로 인해 모든 길이 막혔어요.

어휘력과 문해력 키우기

5. 밑줄에 들어갈 어휘를 찾아 선을 연결하세요.

많은 눈으로 _____ 경보가 내려져 오늘 하루 학교들이 휴교했다. • • 대륙

우리 팀이 기대했던 중요한 경기에서 _____ 하여 모두 아쉬워했다. • • 대패

_____ 은 유럽, 아시아, 아프리카, 북아메리카 등으로 구분한다. • • 대설

한산도 _____ 은 한산도 앞바다에서 이순신 장군이 일본을 이긴 전투이다. • • 대양

태평양, 대서양, 인도양, 북극해, 남극해가 대표적인 _____ 이다. • • 대첩

 6대륙은 아시아, 아프리카, 북아메리카, 남아메리카, 유럽, 오세아니아이며, 7대륙은 남극이 포함돼요.

15일차

월 일

많을 다
(뜻) (소리)

눈으로 익히기

1. 多(많을 다)와 같은 한자에 ○표 하세요.

多 數 力 數 力 多
力 多 對 數 對
多 對 力 多
對 數 對
對 多 數
對 力

쓰면서 익히기

2. 한자를 소리 내어 읽고 따라 쓰세요.

쓰는 순서	ノ ク タ 夕 多 多				
多	多	多			
많을 다	많을 다	많을 다			

어휘 속 한자 찾기

3. 어휘를 따라 쓰고 多에 해당하는 뜻에 ○표 하세요.

多 양 많을 다 · 모양 양	다양	(여러 가지) 모양
多 자 녀 많을 다 · 아들 자 · 여자 녀	다자녀	**많은** 자녀
多 문 화 많을 다 · 글월 문 · 될 화	다문화	여러 민족의 **다양한** 문화
多 수 결 많을 다 · 셈 수 · 결단할 결	다수결	**많은** 사람의 의견에 따라 결정하는 것
多 도 해 많을 다 · 섬 도 · 바다 해	다도해	**많은** 섬이 있는 바다

교과 어휘 익히기

4. 색깔 뜻풀이에 밑줄을 그으며 읽고, 빈칸을 채우세요.

다양
많을 **다** 모양 **양**

여러 가지 모양

예) 매장에 ☐☐한 상품이 진열되어 있어요.

다자녀
많을 **다** 아들 **자** 여자 **녀**

많은 자녀

예) ☐☐☐ 가정은 형제자매가 많아서 부러워요.

다문화
많을 **다** 글월 **문** 될 **화**

여러 민족의 **다양한 문화**

예) ☐☐☐ 축제에서 여러 나라의 전통 의상을 입어 봤어요.

다수결
많을 **다** 셈 **수** 결단할 **결**

많은 사람의 의견에 따라 결정하는 것

예) 회의에서 ☐☐☐로 결정했어요.

다도해
많을 **다** 섬 **도** 바다 **해**

많은 섬이 있는 바다

예) ☐☐☐에는 아름다운 섬들이 많아요.

어휘력과 문해력 키우기   **5. 밑줄에 들어갈 어휘를 찾아 선을 연결하세요.**

다음 주에 친구들과 놀러 가기로 한 장소를 _____ 로 정하기로 했다.	다자녀
자녀가 많은 _____ 가정을 위한 여러 가지 혜택들이 많아졌다.	다문화
_____ 가정의 친구는 여러 나라 언어와 전통을 자연스럽게 배운다.	다양
미술 시간에 _____ 한 재료를 사용하여 그림을 그렸다.	다도해
_____ 는 많은 섬들로 이루어진 바다 지역으로 풍광이 아름답다.	다수결

 우리나라는 전라남도 서쪽과 남쪽 해안에 많은 섬들이 모여 있는 '다도해'가 유명해요.

어휘 복습하기

1. 빈칸에 한자 어휘를 한글로 쓰세요.

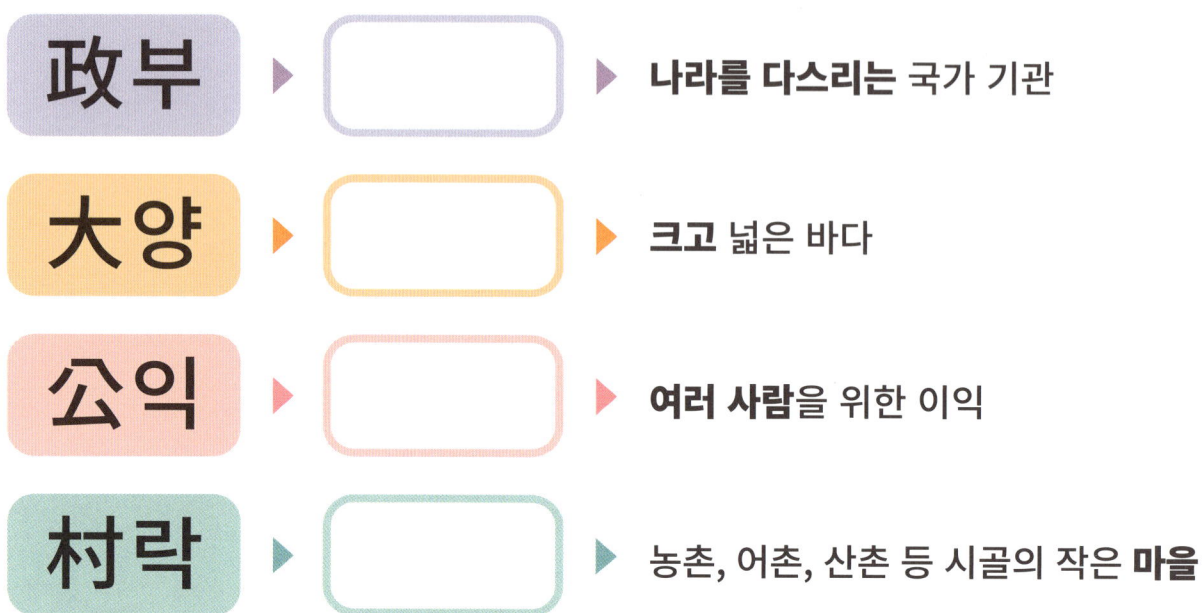

政府 ▶ ☐ ▶ **나라를 다스리는** 국가 기관

大양 ▶ ☐ ▶ **크고** 넓은 바다

公익 ▶ ☐ ▶ **여러 사람**을 위한 이익

村락 ▶ ☐ ▶ 농촌, 어촌, 산촌 등 시골의 작은 **마을**

2. 대화의 밑줄 친 곳에 공통으로 들어갈 어휘를 쓰세요.

_____은 지구 전체를 한 마을처럼 여겨 이르는 말이야.

난 커서 _____ 곳곳을 돌아다니며 여행을 하고 여러 나라의 친구들도 사귈 거야!

3. 빈칸에 알맞은 어휘를 보기에서 찾아 쓰세요.

보기   정당   빈부   다문화

❶ [　　] 격차는 사람들이 가진 재산의 차이를 말한다.

❷ [　　] 은 정치에 대해 생각이 비슷한 사람들이 모인 단체이다.

❸ 학교에서 [　　] 교육을 통해 여러 나라의 문화를 배운다.

4. 초성을 보고 産(생산할 산)이 들어가는 어휘를 쓰세요.

❶ 과자 봉지의 뒷면을 보면 상품이 만들어진 ㅇ ㅅ ㅈ 가 적혀 있다.

❷ 마트의 ㅅ ㅅ ㅁ 코너에는 다양한 생선과 해산물이 가득하다.

5. 다음 문장에 어울리는 어휘를 골라 ◯표 하세요.

❶ (소통 / 교통) 표지판은 도로의 중요한 정보를 알려 준다.

❷ 이번 사건의 (공정 / 국정)한 판결을 위해 모두의 의견을 듣는 것이 중요하다.

6. 밑줄에 들어갈 어휘를 글자 카드에서 만들어 쓰세요.

❶ 많은 눈으로 _____ 주의보가 내려져 여러 학교가 휴교하였다.

소 대 설

❷ _____은 주로 고기잡이나 양식을 하고, 배가 드나들기 좋은 곳에 마을이 있다.

촌 어 산

7. 가로 열쇠와 세로 열쇠의 뜻풀이를 읽고 퍼즐을 완성하세요.

	①	② 산 産				
				③ 다 多		
	④					
	⑤ 통 通					⑥
				⑦		촌 村

가로 열쇠

1 어떤 지역에서 특별하게 생산되는 물건.
3 많은 섬이 있는 바다.
5 나라 간의 소통을 위해 조선에서 일본으로 보내던 사신.
7 전통 생활 양식을 간직하고 있는 마을.

세로 열쇠

2 석유를 생산하는 나라.
3 많은 사람의 의견에 따라 결정하는 것.
4 물건이 생산자에서 소비자에게 전달되는 과정.
6 농사짓는 사람들이 모여 사는 마을.

3장

수학·과학

일차	한자	뜻/음	단어
16일차	數	셈 수	수학 | 배수 | 소수 | 약수 | 자연수
17일차	對	마주할 대	대응 | 대칭 | 대각선 | 선대칭 | 점대칭
18일차	力	힘 력	속력 | 압력 | 중력 | 풍력 | 부력
19일차	氣	공기 기	기온 | 기체 | 기압 | 저기압 | 고기압
20일차	電	전기 전	전구 | 전류 | 전압 | 충전 | 전자석
21일차	性	성질 성	관성 | 탄성 | 중성 | 가능성 | 규칙성
22일차	氷	얼음 빙	빙하 | 빙붕 | 빙산 | 해빙 | 석빙고
23일차	巖	바위 암	이암 | 사암 | 석회암 | 퇴적암 | 현무암

16일차

월 일

數 셈 수
뜻 소리

눈으로 익히기 1. 數(셈 수)와 같은 한자에 ○표 하세요.

氣 對 數 對 數
對 對 氣
數 氣 力 力
對 力 數 氣
力 力 力
氣 數 對

5개를 찾으세요!

쓰면서 익히기

2. 한자를 소리 내어 읽고 따라 쓰세요.

쓰는 순서	一 冂 冊 冊 冑 冑 冐 曲 曳 婁 婁 婁 婁 數 數

數	數	數		
셈 수	셈 수	셈 수		

어휘 속 한자 찾기

3. 어휘를 따라 쓰고 數에 해당하는 뜻에 ○표 하세요.

數學 (셈 수, 배울 학) → 수학 → (숫자)에 관한 학문

倍數 (곱 배, 셈 수) → 배수 → 어떤 수를 곱해서 만든 **수**

小數 (작을 소, 셈 수) → 소수 → 작은 **수**. 0보다 크고 1보다 작은 수

約數 (나눌 약, 셈 수) → 약수 → 어떤 수를 나누어떨어지게 하는 **수**

自然數 (스스로 자, 그럴 연, 셈 수) → 자연수 → 수를 셀 때 쓰는 가장 기본적인 **수**

교과 어휘 익히기

4. 색깔 뜻풀이에 밑줄을 그으며 읽고, 빈칸을 채우세요.

수학
셈 **수**　배울 **학**

<u>숫자에 관한 학문</u>

예) 나는 영어보다 ☐☐이 어려워요.

배수
곱 **배**　셈 **수**

어떤 수를 **곱해서 만든 수**

예) 10은 2와 5의 ☐☐예요.

소수
작을 **소**　셈 **수**

작은 수. 0보다 크고 1보다 작은 수

예) 0.5는 1의 절반인 ☐☐예요.

약수
나눌 **약**　셈 **수**

어떤 수를 **나누어떨어지게 하는 수**

예) 6의 ☐☐는 1, 2, 3, 6이에요.

자연수
스스로 **자**　그럴 **연**　셈 **수**

수를 셀 때 쓰는 **가장 기본적인 수**

예) ☐☐☐는 무한히 많아서 끝이 없어요.

어휘력과 문해력 키우기 — 5. 밑줄에 들어갈 어휘를 찾아 선을 연결하세요.

길이를 잴 때 _____를 사용하면 더 정밀하게 측정할 수 있다.	소수
9의 _____는 1, 3, 9이며, 9를 나눌 수 있는 수를 말한다.	약수
1부터 시작해 하나씩 더해서 얻는 모든 수를 _____라고 한다.	수학
_____ 시간에 다양한 도형의 둘레와 넓이에 대해 배웠다.	배수
_____는 어떤 수를 반복해서 곱할 때 생기는 숫자이다.	자연수

'수학'은 논리적인 사고 능력과 계산 능력, 문제 해결 능력을 키워 주는 학문이에요.

17일차

월   일

對 마주할 대
뜻   소리

눈으로 익히기

1. 對(마주할 대)와 같은 한자에 ○표 하세요.

力　氣　電　氣　電　力
電　　　對　　電　對
力　　　　氣　力

5개를 찾으세요!
對　氣　電
　　對　力　氣
　　對　電

쓰면서 익히기

2. 한자를 소리 내어 읽고 따라 쓰세요.

쓰는 순서	一 十 十 业 业 坐 坐 半 ¥ ¥ 對 對
對 마주할 대	對 　 對 　 　 　 마주할 대 　 마주할 대

어휘 속 한자 찾기

3. 어휘를 따라 쓰고 對에 해당하는 뜻에 ○표 하세요.

對 응 마주할 대 　 응할 응	대응	두 대상이 **(서로)** 짝을 이룸
對 칭 마주할 대 　 일컬을 칭	대칭	**마주 보고** 있는 것
對 각 선 마주할 대 　 각도 각 　 선 선	대각선	**마주 대하는** 각을 이은 선
선 對 칭 선 선 　 마주할 대 　 일컬을 칭	선대칭	직선을 중심으로 **마주 보고** 겹치는 대칭
점 對 칭 점 점 　 마주할 대 　 일컬을 칭	점대칭	점을 중심으로 180도 돌렸을 때 **서로** 겹치는 대칭

교과 어휘 익히기

4. 색깔 뜻풀이에 밑줄을 그으며 읽고, 빈칸을 채우세요.

대응
마주할 **대**   응할 **응**

두 대상이 <u>서로 짝을 이룸</u>

예) 그림과 단어를 ☐☐시켜 연결하세요.

대칭
마주할 **대**   일컬을 **칭**

마주 보고 있는 것

예) 나비는 날개가 ☐☐으로 생겼어요.

대각선
마주할 **대**   각도 **각**   선 **선**

마주 대하는 각을 이은 선

예) 삼각형은 ☐☐☐을 그을 수 없어요.

선대칭
선 **선**   마주할 **대**   일컬을 **칭**

직선을 중심으로 마주 보고 겹치는 대칭

예) ☐☐☐ 도형은 접었을 때 양쪽이 동일해요.

점대칭
점 **점**   마주할 **대**   일컬을 **칭**

점을 중심으로 180도 돌렸을 때 서로 겹치는 대칭

예) 원과 별 모양은 ☐☐☐ 도형이에요.

어휘력과 문해력 키우기

5. 밑줄에 들어갈 어휘를 찾아 선을 연결하세요.

모양이 _____이면 좌우나 상하를 반으로 접었을 때 양쪽이 똑같다.	대응
자전거의 수와 바퀴의 수 사이의 _____ 관계를 알아보았다.	선대칭
사각형에 _____을 하나 그으면 두 개의 삼각형으로 나뉜다.	대칭
_____은 대칭의 한 종류로, 가운데 선을 그었을 때 양쪽이 똑같다.	점대칭
_____ 도형은 중심점을 기준으로 반 바퀴 돌렸을 때 같은 모양이다.	대각선

 알파벳 S는 '점대칭'이며, 가운데 점을 중심으로 돌리면 모양이 같아요.

18일차

월   일

力 힘 력

뜻   소리

눈으로 익히기

1. 力(힘 력)과 같은 한자에 ○표 하세요.

氣 力 性 力 性
    力   力 性 氣
性   氣 電   電
                性
    電 力 電   氣
                    5개를
        力 氣   찾으세요!
        電 性 力

88

쓰면서 익히기 2. 한자를 소리 내어 읽고 따라 쓰세요.

쓰는 순서	ㄱ 力			
力	力	力		
힘 력	힘 력	힘 력		

어휘 속 한자 찾기 3. 어휘를 따라 쓰고 力에 해당하는 뜻에 ○표 하세요.

속 力 빠를 속 / 힘 력	속력	빠르게 달리는 ⓗ힘의 크기
압 力 누를 압 / 힘 력	압력	누르는 **힘**
중 力 무거울 중 / 힘 력	중력	지구가 물체를 끌어당기는 **힘**
풍 力 바람 풍 / 힘 력	풍력	바람의 **힘**
부 力 뜰 부 / 힘 력	부력	물체를 뜨게 하는 **힘**

3장 수학·과학

교과 어휘 익히기

4. 색깔 뜻풀이에 밑줄을 그으며 읽고, 빈칸을 채우세요.

속력
빠를 속 / 힘 력

빠르게 달리는 힘의 크기

예) 자동차는 □□을 올려 빠르게 달렸어요.

압력
누를 압 / 힘 력

누르는 힘

예) 잠수부는 물의 □□ 때문에 특수 장비를 착용해요.

중력
무거울 중 / 힘 력

지구가 물체를 끌어당기는 힘

예) 우리는 □□ 덕분에 땅에 발을 딛고 설 수 있어요.

풍력
바람 풍 / 힘 력

바람의 힘

예) □□ 에너지는 바람이 불 때 생겨요.

부력
뜰 부 / 힘 력

물체를 뜨게 하는 힘

예) 배가 물에 가라앉지 않는 것은 □□ 때문이에요.

어휘력과 문해력 키우기
5. 밑줄에 들어갈 어휘를 찾아 선을 연결하세요.

- 치타는 동물 중에서 가장 빠른 _____으로 달릴 수 있다. • • 중력

- 비행기를 타면 공기의 _____ 때문에 귀가 먹먹해진다. • • 풍력

- 물속에서 구명조끼를 입으면 _____ 때문에 물에 뜰 수 있다. • • 속력

- 공을 위로 던지면 _____의 영향으로 다시 땅으로 떨어진다. • • 압력

- _____ 발전기는 바람의 힘으로 전기를 만들어 낸다. • • 부력

 높은 굽의 신발은 면적이 작아 '압력'이 커지고, 평평한 신발은 면적이 커서 '압력'이 작아요.

19일차

氣 공기 기
뜻　소리

눈으로 익히기　1. 氣(공기 기)와 같은 한자에 ○표 하세요.

氣　氷　電　氣
電　氷　電　氷
氷　氣　性　性
　　　電　氣
5개를 찾으세요!　性　氷
　　　電　氣
　　　性　性
　　　　氣　電
　　性　氣　氷

쓰면서 익히기 2. 한자를 소리 내어 읽고 따라 쓰세요.

✏️ 쓰는 순서	ノ 一 ⺊ ⺊ 与 与 气 気 氛 氣 氣			
氣	氣	氣		
공기 기	공기 기	공기 기		

어휘 속 한자 찾기 3. 어휘를 따라 쓰고 氣에 해당하는 뜻에 ○표 하세요.

| 氣 온 | 기온 | ○공기○의 온도 |
| 공기 기 / 따뜻할 온 | | |

| 氣 체 | 기체 | **공기**와 같은 물질 |
| 공기 기 / 몸 체 | | |

| 氣 압 | 기압 | **공기**가 누르는 힘 |
| 공기 기 / 누를 압 | | |

| 저 氣 압 | 저기압 | **공기**가 누르는 힘이 약한 것 |
| 낮을 저 / 공기 기 / 누를 압 | | |

| 고 氣 압 | 고기압 | **공기**가 누르는 힘이 강한 것 |
| 높을 고 / 공기 기 / 누를 압 | | |

교과 어휘 익히기 4. 색깔 뜻풀이에 밑줄을 그으며 읽고, 빈칸을 채우세요.

기온
공기 **기**　따뜻할 **온**

공기의 온도

예) □□ 은 날씨와 계절에 따라 달라져요.

기체
공기 **기**　몸 **체**

공기와 같은 물질

예) 산소는 우리가 숨쉬기 위해 필요한 □□ 예요.

기압
공기 **기**　누를 **압**

공기가 누르는 힘

예) 고도에 따라 □□ 이 변해요.

저기압
낮을 **저**　공기 **기**　누를 **압**

공기가 누르는 힘이 약한 것

예) □□□ 은 뜨거운 공기가 위로 올라가서 구름과 비를 만들어요.

고기압
높을 **고**　공기 **기**　누를 **압**

공기가 누르는 힘이 강한 것

예) □□□ 은 차가운 공기가 아래로 내려와서 날씨가 맑아요.

어휘력과 문해력 키우기 5. 밑줄에 들어갈 어휘를 찾아 선을 연결하세요.

이산화탄소는 식물이 살아가는 데 필요로 하는 _____이다.	기체
봄이 되면 _____이 서서히 올라가서 날씨가 따뜻해진다.	저기압
_____일 때는 하늘이 맑아서 야외 활동을 하기 좋다.	고기압
오늘은 _____으로 바람이 불고 비가 내릴 예정이다.	기온
높은 산에서는 _____이 낮아져 숨쉬기가 어렵다.	기압

 '저기압'은 공기가 위로 올라가서 날씨가 흐리고, '고기압'은 공기가 아래로 내려가서 날씨가 맑아요.

20일차

월 일

電 전기 전
(뜻) (소리)

눈으로 익히기 1. 電(전기 전)과 같은 한자에 ○표 하세요.

巖　性　電　性　　電
　　　　　　性
電　巖　氷　　　氷
　　　　　電
　　性　　氷　　巖
氷　　　　　　　
　　　巖　　性
　　氷　　電

5개를 찾으세요!

96

쓰면서 익히기

2. 한자를 소리 내어 읽고 따라 쓰세요.

✎ 쓰는 순서	一 厂 广 币 而 而 而 雨 雨 雷 雷 電			
電 전기 전	電 전기 전	電 전기 전		

어휘 속 한자 찾기

3. 어휘를 따라 쓰고 電에 해당하는 뜻에 ○표 하세요.

電 구 전기 전 / 공 구	전구	ⓣ(전기)로 빛을 내는 공처럼 생긴 기구
電 류 전기 전 / 흐를 류	전류	**전기**가 흐르는 것
電 압 전기 전 / 누를 압	전압	**전기**를 밀어 주는 힘
충 電 채울 충 / 전기 전	충전	**전기**를 다시 채우는 일
電 자 석 전기 전 / 자석 자 / 돌 석	전자석	**전기**가 흐를 때만 자석이 되는 것

3장 수학·과학

교과 어휘 익히기

4. 색깔 뜻풀이에 밑줄을 그으며 읽고, 빈칸을 채우세요.

전구
전기 **전**   공 **구**

<u>전기로 빛을 내는 공처럼 생긴 기구</u>

예) 크리스마스트리를 장식할 때 작은 ☐☐ 를 사용해요.

전류
전기 **전**   흐를 **류**

전기가 흐르는 것

예) 전자 제품의 전선을 타고 ☐☐ 가 흘러요.

전압
전기 **전**   누를 **압**

전기를 밀어 주는 힘

예) ☐☐ 이 높으면 전류가 더 빠르게 흘러요.

충전
채울 **충**   전기 **전**

전기를 다시 채우는 일

예) 휴대폰 배터리가 없으면 ☐☐ 해야 해요.

전자석
전기 **전** 자석 **자** 돌 **석**

전기가 흐를 때만 **자석이 되는 것**

예) ☐☐☐ 은 자석처럼 철을 끌어당겨요.

어휘력과 문해력 키우기

5. 밑줄에 들어갈 어휘를 찾아 선을 연결하세요.

- _____는 전기로 빛을 내는 장치로, 에디슨이 발명한 것이다.

- _____는 전선 안을 따라 흐르는 전기의 흐름을 말한다.

- 전기 자동차는 주유를 하는 대신 전기를 _____해서 사용한다.

- 쓰레기장에서 크레인으로 금속을 분리하는 데 _____을 사용한다.

- 가정용 전기의 _____은 일반적으로 220볼트로 설정되어 있다.

충전 · 전자석 · 전구 · 전류 · 전압

 '전압'은 볼트(V)라는 단위로 측정하고, '전압'이 높으면 강한 전기의 힘을 만들어요.

21일차

性 성질 성
뜻 소리

돌은 단단하고, 깃털은 부드러운 성질을 가지고 있어요.

눈으로 익히기 1. 性(성질 성)과 같은 한자에 ○표 하세요.

5개를 찾으세요!

氷 巖 色 巖 色 氷
色 性 色 性
氷 巖
巖 色
性 巖 性
性 氷 性
色 巖

쓰면서 익히기 2. 한자를 소리 내어 읽고 따라 쓰세요.

✏️ 쓰는 순서	` ´ ㅏ ㅑ ㅑ 忄 性 性			
性	性	性		
성질 성	성질 성	성질 성		

어휘 속 한자 찾기 3. 어휘를 따라 쓰고 性에 해당하는 뜻에 ○표 하세요.

관 性	관성	익숙한 상태를 유지하려는 (성질)
익숙할 관 / 성질 성		

탄 性	탄성	원래 모양으로 되돌아가려는 **성질**
탄알 탄 / 성질 성		

중 性	중성	산성도 염기성도 아닌 중간에 있는 **성질**
가운데 중 / 성질 성		

가 능 性	가능성	앞으로 실현될 수 있는 **성질**이나 정도
옳을 가 / 능할 능 / 성질 성		

규 칙 性	규칙성	예상할 수 있는 규칙이 있는 **성질**
법 규 / 법칙 칙 / 성질 성		

교과 어휘 익히기 4. 색깔 뜻풀이에 밑줄을 그으며 읽고, 빈칸을 채우세요.

관성
익숙할 **관** 성질 **성**

익숙한 상태를 유지하려는 성질

예) ☐☐ 은 물체가 움직이던 대로 계속 움직이려는 성질이에요.

탄성
탄알 **탄** 성질 **성**

원래 모양으로 **되돌아가려는 성질**

예) 스프링은 누르면 ☐☐ 때문에 다시 튀어 올라요.

중성
가운데 **중** 성질 **성**

산성도 염기성도 아닌 **중간에 있는 성질**

예) ☐☐ 비누는 손을 씻을 때 자극이 적어요.

가능성
옳을 **가** 능할 **능** 성질 **성**

앞으로 **실현될 수 있는 성질이나 정도**

예) 기후 변화로 홍수가 발생할 ☐☐☐ 이 커졌어요.

규칙성
법 **규** 법칙 **칙** 성질 **성**

예상할 수 있는 **규칙이 있는 성질**

예) 별의 움직임에는 일정한 ☐☐☐ 이 있어요.

어휘력과 문해력 키우기 5. 밑줄에 들어갈 어휘를 찾아 선을 연결하세요.

고무줄은 늘어나도 _____ 때문에 원래 모양으로 돌아온다.	규칙성
순수한 물, 식염수 등은 대표적인 _____ 용액으로 알려져 있다.	탄성
행성들은 태양을 중심으로 일정한 궤도를 도는 _____이 있다.	중성
기상청은 매일 날씨를 분석해 비가 내릴 _____을 예측하여 발표한다.	관성
자동차가 급정거하면 앞으로 쏠리는 이유는 _____ 때문이다.	가능성

 축구공은 '탄성' 때문에 바닥에 닿으면 튀어 오르고, '관성' 때문에 차면 멈추지 않고 계속 굴러가요.

22일차

월 일

얼음 빙

뜻　소리

눈으로 익히기

1. 氷(얼음 빙)과 같은 한자에 ○표 하세요.

巖　氷　明　氷　　　明
明　　巖　色　氷　　巖
　　　　　色　明　　色
色　氷　　色　　巖
　　　巖　明　氷

5개를 찾으세요!

쓰면서 익히기

2. 한자를 소리 내어 읽고 따라 쓰세요.

✏️ 쓰는 순서	丿 丨 冫 氺 氷				
氷	氷	氷			
얼음 빙	얼음 빙	얼음 빙			

어휘 속 한자 찾기

3. 어휘를 따라 쓰고 氷에 해당하는 뜻에 ○표 하세요.

氷 하	빙하	눈이 오랫동안 쌓여 다져져 육지를 덮고 있는 **얼음**층
얼음 빙 / 물 하		

氷 붕	빙붕	빙하가 바다를 만나 평평하게 얼어붙은 거대한 **얼음** 덩어리
얼음 빙 / 사다리 붕		

氷 산	빙산	빙하에서 떨어져 나와 물에 떠 있는 **얼음** 조각
얼음 빙 / 산 산		

해 氷	해빙	**얼음**이 녹아 풀리는 것
풀 해 / 얼음 빙		

석 氷 고	석빙고	**얼음**을 보관하기 위해 돌로 만든 창고
돌 석 / 얼음 빙 / 창고 고		

교과 어휘 익히기

4. 색깔 뜻풀이에 밑줄을 그으며 읽고, 빈칸을 채우세요.

빙하
얼음 빙 · 물 하

눈이 오랫동안 쌓여 다져져 **육지를 덮고 있는 얼음층**

예) ☐☐ 가 녹으면 해수면이 상승해요.

빙붕
얼음 빙 · 사다리 붕

빙하가 **바다를 만나** 평평하게 **얼어붙은 거대한 얼음 덩어리**

예) ☐☐ 은 빙하가 바다로 흘러나와서 형성돼요.

빙산
얼음 빙 · 산 산

빙하에서 떨어져 나와 **물에 떠 있는 얼음 조각**

예) 타이타닉호는 ☐☐ 에 충돌하여 침몰했어요.

해빙
풀 해 · 얼음 빙

얼음이 녹아 풀리는 것

예) 봄이 오면 ☐☐ 으로 얼음이 사라져요.

석빙고
돌 석 · 얼음 빙 · 창고 고

얼음을 보관하기 위해 돌로 만든 창고

예) ☐☐☐ 에는 한여름에도 얼음을 보관할 수 있었어요.

어휘력과 문해력 키우기   5. 밑줄에 들어갈 어휘를 찾아 선을 연결하세요.

기후 변화로 인해 북극의 _____ 속도가 점점 빨라지고 있다.	석빙고
_____에는 겨울에 강에서 얻은 얼음을 여름까지 보관했다.	해빙
눈이 쌓여 다져진 _____는 극지방과 높은 산지에서 발견된다.	빙하
_____은 빙하와 연결되어 바다 위에 떠 있는 거대한 얼음 덩어리이다.	빙산
_____은 대부분이 물속에 잠겨 있어서 항해할 때 조심해야 한다.	빙붕

 빙하의 육지 쪽이 '빙상', 빙하의 바다 쪽이 '빙붕', 빙하에서 떨어진 얼음 조각이 '빙산'이에요.

23일차

월 일

巖 바위 암
뜻 소리

눈으로 익히기

1. 巖(바위 암)과 같은 한자에 ○표 하세요.

巖　合　色　合　巖
色　　　　色　　　明
合　　明　　　色
　巖
　　　合
　　色　　　巖
明　　　明　色
　明　巖　合

5개를 찾으세요!

쓰면서 익히기

2. 한자를 소리 내어 읽고 따라 쓰세요.

쓰는 순서	宀 宀 屵 屵 屵 屵 崖 崖 嚴 嚴 嚴 嚴 巖
巖	巖　　巖
바위 암	바위 암　바위 암

어휘 속 한자 찾기

3. 어휘를 따라 쓰고 巖에 해당하는 뜻에 ○표 하세요.

이 巖 진흙 이　바위 암	이암	진흙이 굳어져서 된 (암석)
사 巖 모래 사　바위 암	사암	모래가 굳어져서 된 **암석**
석 회 巖 돌 석　석회 회　바위 암	석회암	바다 생물의 뼈나 조개껍데기 등이 바다 밑에 쌓여 생긴 **암석**
퇴 적 巖 쌓을 퇴　쌓을 적　바위 암	퇴적암	퇴적물이 쌓여 굳어진 **암석**
현 무 巖 검을 현　굳셀 무　바위 암	현무암	검고 단단한 **암석**

교과 어휘 익히기

4. 색깔 뜻풀이에 밑줄을 그으며 읽고, 빈칸을 채우세요.

이암
진흙 **이**   바위 **암**

진흙이 굳어져서 된 암석

예) ☐☐ 은 주로 강이나 호수 주변에 만들어져요.

사암
모래 **사**   바위 **암**

모래가 굳어져서 된 암석

예) 해변 일대가 모두 ☐☐ 으로 되어 있어요.

석회암
돌 **석**   석회 **회**   바위 **암**

바다 생물의 뼈나 조개껍데기 등이 바다 밑에 쌓여 생긴 암석

예) ☐☐☐ 은 다른 암석에 비해 물에 잘 녹는 성질이 있어요.

퇴적암
쌓을 **퇴**   쌓을 **적**   바위 **암**

퇴적물이 쌓여 굳어진 암석

예) 이암, 사암, 석회암이 모두 ☐☐☐ 이에요.

현무암
검을 **현**   굳셀 **무**   바위 **암**

검고 단단한 암석

예) 화산이 폭발할 때 나온 용암이 굳어 ☐☐☐ 이 돼요.

어휘력과 문해력 키우기

5. 밑줄에 들어갈 어휘를 찾아 선을 연결하세요.

_____은 진흙이 압력을 받아 만들어진 부드러운 암석이다. • • 현무암

화산섬인 제주도는 대부분의 돌이 _____으로 이루어져 있다. • • 석회암

_____ 지대는 물에 녹는 성질이 있어서 석회 동굴이 만들어진다. • • 이암

_____은 오랫동안 모래가 쌓여 굳어진 퇴적암 중 하나이다. • • 사암

퇴적물이 쌓여 오랜 시간 동안 굳어져서 _____이 된다. • • 퇴적암

 '석회암'은 잘게 부수어 건물을 지을 때 필요한 시멘트를 만들고, 농사에 필요한 석회 비료를 만들어요.

어휘 복습하기

1. 빈칸에 한자 어휘를 한글로 쓰세요.

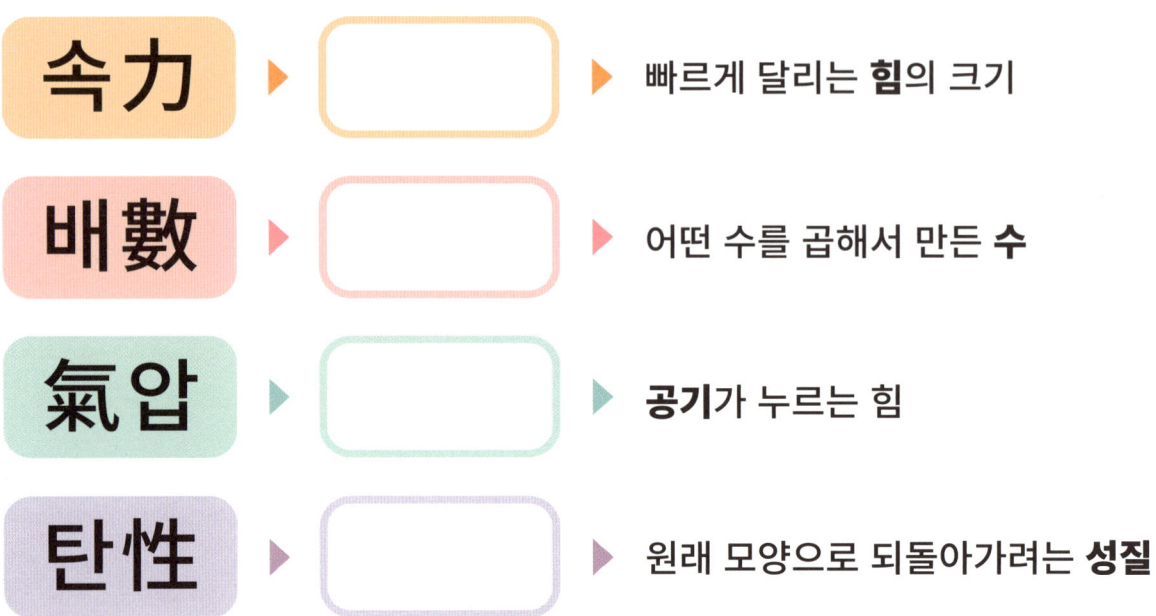

2. 대화의 밑줄 친 곳에 공통으로 들어갈 어휘를 쓰세요.

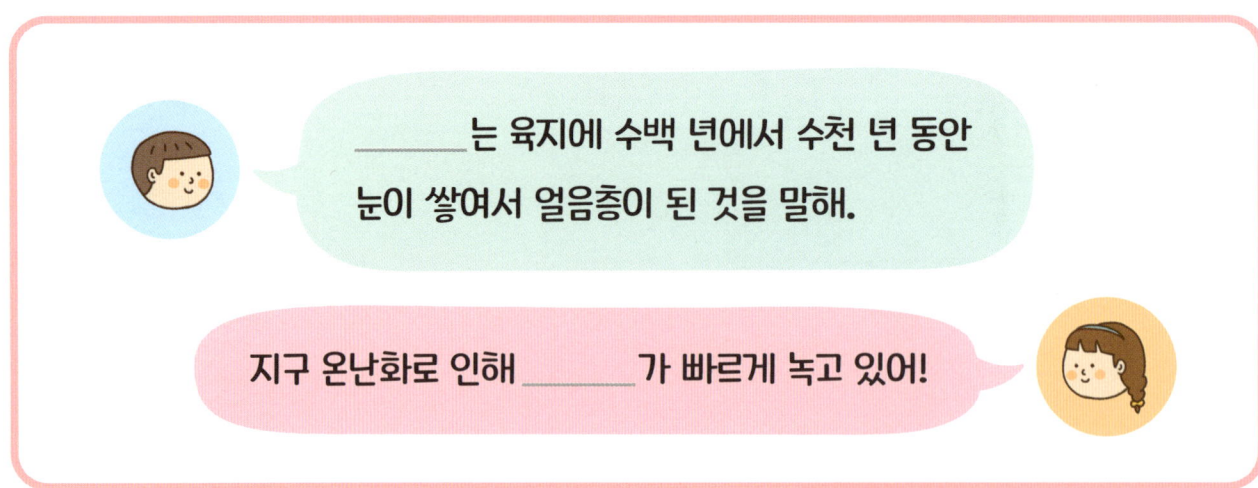

3. 빈칸에 알맞은 어휘를 보기에서 찾아 쓰세요.

> 보기   전류   대칭   관성

❶ 자동차가 갑자기 멈추면 [　　　] 때문에 몸이 앞으로 쏠린다.

❷ 전기 장치는 [　　　]가 흘러야 작동한다.

❸ [　　　]을 이루는 도형은 접었을 때 양쪽이 똑같다.

4. 초성을 보고 巖(바위 암)이 들어가는 어휘를 쓰세요.

❶ [ㅌ][ㅈ][ㅇ] 속에서 오래된 생물의 화석이 발견되기도 한다. _____

❷ 화산 활동으로 생긴 [ㅎ][ㅁ][ㅇ]은 검은색이며 독특한 무늬가 있다. _____

5. 다음 문장에 어울리는 어휘를 골라 ○표 하세요.

❶ 우주에서는 (중력 / 풍력)이 약해져서 우주 비행사가 떠다닌다.

❷ (저기압 / 고기압)은 날씨 예보에서 맑음을 의미한다.

6. 밑줄에 들어갈 어휘를 글자 카드에서 만들어 쓰세요.

❶ 과학 시간에 _____ 실험으로 물속에서 물체가 뜨는 원리를 배웠다.

| 부 | 중 | 력 |

❷ 공기는 _____ 상태이며, 공기에는 질소, 산소, 이산화탄소 등이 섞여 있다.

| 체 | 고 | 기 |

7. 가로 열쇠와 세로 열쇠의 뜻풀이를 읽고 퍼즐을 완성하세요.

가로 열쇠

2 마주 대하는 각을 이은 선.
4 수를 셀 때 쓰는 가장 기본적인 수.
5 전기를 다시 채우는 일.
8 얼음을 보관하기 위해 돌로 만든 창고.

세로 열쇠

1 직선을 중심으로 마주 보고 겹치는 대칭.
3 어떤 수를 나누어떨어지게 하는 수.
6 전기를 밀어 주는 힘.
7 얼음이 녹아 풀리는 것.

4장

예체능·학교생활

24일차	色	빛 색 색상 | 보색 | 색상환 | 무채색 | 유채색
25일차	明	밝을 명 명도 | 명암 | 조명 | 투명 | 불투명
26일차	合	합할 합 합창 | 합주 | 합동 | 종합 | 통합
27일차	敎	가르칠 교 교사 | 교육 | 교훈 | 교과서 | 교무실
28일차	業	일 업 수업 | 학업 | 직업 | 분업 | 졸업
29일차	談	말씀 담 속담 | 상담 | 면담 | 덕담 | 험담
30일차	路	길 로 진로 | 통로 | 도로 | 가로수 | 교차로

24일차

月 일

色은 빛, 빛깔, 색깔의 뜻이 있어요.

色 빛 색
뜻 소리

눈으로 익히기

1. 色(빛 색)과 같은 한자에 ○표 하세요.

教 明 色 明 色
色 教 合 明 教
合 明 色 合
合 合 教 明
合 教 合 色 明

5개를 찾으세요!

쓰면서 익히기

2. 한자를 소리 내어 읽고 따라 쓰세요.

쓰는 순서	ノ ク ク 午 多 色			
色 빛 색	色 빛 색	色 빛 색		

어휘 속 한자 찾기

3. 어휘를 따라 쓰고 色에 해당하는 뜻에 ○표 하세요.

色 상 빛 색 　 서로 상	색상	빨강, 노랑, 파랑 등 서로 구분할 수 있는 **색깔**

보 色 도울 보 　 빛 색	보색	서로 섞었을 때 흰색이나 검은색이 되는 두 가지 **색깔**

色 상 환 빛 색　서로 상　둥글 환	색상환	**색**을 둥글게 배열한 것

무 채 色 없을 무　채색 채　빛 색	무채색	색상을 갖지 않는 **색**

유 채 色 있을 유　채색 채　빛 색	유채색	색상이 있는 **색**

교과 어휘 익히기

4. 색깔 뜻풀이에 밑줄을 그으며 읽고, 빈칸을 채우세요.

색 상
빛 색　서로 상

빨강, 노랑, 파랑 등 **서로 구분할 수 있는 색깔**

예) 다양한 ☐☐ 의 물감으로 그림을 그렸어요.

보 색
도울 보　빛 색

서로 섞었을 때 **흰색이나 검은색이 되는 두 가지 색깔**

예) ☐☐ 을 활용하면 색상이 더 선명하게 보여요.

색상환
빛 색　서로 상　둥글 환

색을 둥글게 배열한 것

예) ☐☐☐ 을 보면 색깔의 혼합과 대조를 쉽게 이해할 수 있어요.

무채색
없을 무　채색 채　빛 색

색상을 갖지 않는 색

예) 흰색, 검은색, 회색이 모두 ☐☐☐ 이에요.

유채색
있을 유　채색 채　빛 색

색상이 있는 색

예) ☐☐☐ 은 무채색과 달리 색상이 있어요.

어휘력과 문해력 키우기 5. 밑줄에 들어갈 어휘를 찾아 선을 연결하세요.

색은 _____, 명도, 채도라는 세 가지 속성을 가지고 있다.	색상환
_____에서 반대쪽에 위치한 색을 보색(반대색)이라고 한다.	색상
_____은 색상이 없는 색을 말하며, 색상환에 포함되지 않는다.	보색
빨강과 초록, 노랑과 남색은 _____이라서 함께 쓰면 눈에 띈다.	무채색
_____은 빨강, 파랑, 노랑 등 색상을 가진 색을 말한다.	유채색

 '색상환'은 디자인과 인테리어, 패션과 스타일링에서도 색상을 조화롭게 맞추는 데 이용해요.

25일차

월   일

明 밝을 명

뜻   소리

눈으로 익히기 1. 明(밝을 명)과 같은 한자에 ○표 하세요.

5개를 찾으세요!

쓰면서 익히기
2. 한자를 소리 내어 읽고 따라 쓰세요.

✏️ 쓰는 순서	l ㄇ ㅌ 日 日 町 明 明 明			
明 밝을 명	明 밝을 명	明 밝을 명		

어휘 속 한자 찾기
3. 어휘를 따라 쓰고 明에 해당하는 뜻에 ○표 하세요.

明 도 밝을 명 정도 도	명도	색의 **밝은** 정도
明 암 밝을 명 어두울 암	명암	사물의 **밝고** 어두움
조 明 비칠 조 밝을 명	조명	빛으로 **밝게** 비추는 것
투 明 통할 투 밝을 명	투명	빛이 통과하여 속이 **밝게** 비치는 것
불 투 明 아닐 불 통할 투 밝을 명	불투명	빛이 통과하지 못해 속이 **밝게** 비치지 않는 것

교과 어휘 익히기

4. 색깔 뜻풀이에 밑줄을 그으며 읽고, 빈칸을 채우세요.

명도
밝을 **명** 정도 **도**

색의 밝은 정도

예) ☐☐를 조절해서 밝은 파란색과 어두운 파란색을 만들었어요.

명암
밝을 **명** 어두울 **암**

사물의 밝고 어두움

예) ☐☐ 표현으로 그림에 입체감을 더해 주었어요.

조명
비칠 **조** 밝을 **명**

빛으로 밝게 비추는 것

예) ☐☐이 있으면 집 안이 더 아늑하게 보여요.

투명
통할 **투** 밝을 **명**

빛이 통과하여 속이 밝게 비치는 것

예) 유리는 ☐☐해서 반대편이 잘 보여요.

불투명
아닐 **불** 통할 **투** 밝을 **명**

빛이 통과하지 못해 속이 밝게 비치지 않는 것

예) 벽은 ☐☐☐해서 빛이 통과하지 못해요.

어휘력과 문해력 키우기

5. 밑줄에 들어갈 어휘를 찾아 선을 연결하세요.

종이는 _____ 해서 뒤쪽에 있는 글씨나 그림을 가릴 수 있다.

흰색과 회색, 검은색 같은 무채색은 _____ 만 가지고 있다.

그림을 그릴 때 _____ 을 세밀하게 표현하면 더 입체적으로 보인다.

공연장에서는 무대를 환하게 비추는 밝은 _____ 이 꼭 필요하다.

어항은 _____ 해서 유리 안에 있는 물고기가 잘 들여다보인다.

투명

불투명

명도

명암

조명

 '명암'은 빛이 있어야 표현할 수 있으며, 햇빛이 비치는 곳은 밝게, 비치지 않는 곳은 어둡게 그려요.

26일차

월   일

합할 합

뜻   소리

눈으로 익히기   1. 合(합할 합)과 같은 한자에 ○표 하세요.

教　合　談　合　談　教
談　　教　業　　合　業
業　　教　　　談　
業　合　業　教
　業　教　談　合

5개를 찾으세요!

쓰면서 익히기

2. 한자를 소리 내어 읽고 따라 쓰세요.

쓰는 순서	ノ 人 人 今 合 合			
合 합할 합	合 합할 합	合 합할 합		

어휘 속 한자 찾기

3. 어휘를 따라 쓰고 合에 해당하는 뜻에 ○표 하세요.

合 창 합할 합 / 부를 창	합창	여러 사람이 목소리를 **합하여** 노래를 부름
合 주 합할 합 / 연주할 주	합주	두 가지 이상의 악기를 **합하여** 동시에 연주함
合 동 합할 합 / 같을 동	합동	둘 이상이 모여 일을 **함께함**
종 合 모을 종 / 합할 합	종합	여러 가지를 한데 모아서 **합함**
통 合 거느릴 통 / 합할 합	통합	둘 이상의 조직이나 기구를 하나로 **합함**

교과 어휘 익히기

4. 색깔 뜻풀이에 밑줄을 그으며 읽고, 빈칸을 채우세요.

합창
합할 합 / 부를 창

여러 사람이 **목소리를 합하여 노래를 부름**

예) ☐☐ 대회에서 화음을 맞춰 노래를 불렀어요.

합주
합할 합 / 연주할 주

두 가지 이상의 **악기를 합하여 동시에 연주함**

예) 음악 시간에 리코더 ☐☐ 수업을 했어요.

합동
합할 합 / 같을 동

둘 이상이 모여 **일을 함께함**

예) 오늘은 ☐☐ 소방 훈련이 있는 날이에요.

종합
모을 종 / 합할 합

여러 가지를 **한데 모아서 합함**

예) ☐☐ 문제집으로 여러 과목을 공부해요.

통합
거느릴 통 / 합할 합

둘 이상의 **조직이나 기구를 하나로 합함**

예) 두 정당이 서로 ☐☐ 하겠다는 계획을 발표했어요.

어휘력과 문해력 키우기

5. 밑줄에 들어갈 어휘를 찾아 선을 연결하세요.

_____은 여러 사람이 목소리를 맞춰 함께 노래를 부르는 것이다.

•   • 합주

연주회에서 피아노와 바이올린의 _____가 하이라이트였다.

•   • 합창

우리 학교가 이번 육상 대회에서 당당히 _____ 우승을 차지했다.

•   • 통합

미술 시간에 각 모둠별로 힘을 합해 _____ 작품을 완성했다.

•   • 합동

_____ 교과서는 여러 교과를 주제나 활동 중심으로 엮은 것이다.

•   • 종합

 '합주'를 할 때는 서로의 연주를 잘 듣고 조화롭게 맞추는 것이 중요해요.

27일차

월   일

敎 가르칠 교
뜻   소리

눈으로 익히기 1. 敎(가르칠 교)와 같은 한자에 ○표 하세요.

敎 業 路 業 路 敎
   路   業   談
      敎 談   業
            路
      業   敎
   談   談
         敎   業
      談   路

5개를 찾으세요!

쓰면서 익히기

2. 한자를 소리 내어 읽고 따라 쓰세요.

쓰는 순서	ノ ╳ ╱ 耂 耂 夯 耂 耖 耖 教 教				
教	教	教			
가르칠 교	가르칠 교	가르칠 교			

어휘 속 한자 찾기

3. 어휘를 따라 쓰고 教에 해당하는 뜻에 ○표 하세요.

教 사
가르칠 교 / 스승 사
→ 교사 → 학생을 (가르치는) 사람

教 육
가르칠 교 / 기를 육
→ 교육 → 지식과 기술 등을 **가르치며** 인격을 길러 줌

教 훈
가르칠 교 / 타이를 훈
→ 교훈 → 생활에 길잡이가 될 만한 **가르침**

教 과 서
가르칠 교 / 과목 과 / 글 서
→ 교과서 → 학교에서 **가르치는** 데 사용하는 책

教 무 실
가르칠 교 / 일 무 / 집 실
→ 교무실 → 선생님이 **가르치는** 일을 준비하는 곳

4장 예체능·학교생활

교과 어휘 익히기

4. 색깔 뜻풀이에 밑줄을 그으며 읽고, 빈칸을 채우세요.

교 사
가르칠 교 스승 사

학생을 **가르치는 사람**

예) 나는 초등학교 ☐☐가 되는 것이 꿈이에요.

교 육
가르칠 교 기를 육

지식과 기술 등을 **가르치며 인격을 길러 줌**

예) 교장 선생님께서 인성 ☐☐을 하셨어요.

교 훈
가르칠 교 타이를 훈

생활에 길잡이가 될 만한 가르침

예) 실수를 통해 소중한 ☐☐을 배웠어요.

교 과 서
가르칠 교 과목 과 글 서

학교에서 **가르치는 데 사용하는 책**

예) ☐☐☐를 읽으며 시험 공부를 해요.

교 무 실
가르칠 교 일 무 집 실

선생님이 **가르치는 일을 준비하는 곳**

예) 선생님께서 ☐☐☐로 오라고 하셨어요.

어휘력과 문해력 키우기

5. 밑줄에 들어갈 어휘를 찾아 선을 연결하세요.

엄마는 영어 _____로 중학교에서 학생들을 가르치는 일을 한다.	교과서
이번 시험 문제는 _____에서만 출제된다고 한다.	교사
전래 동화를 읽고 일상생활에 도움이 되는 _____을 얻었다.	교무실
선생님은 _____에서 다음 시간 수업 준비를 하고 계셨다.	교육
요즘은 다양한 온라인 _____으로 관심 있는 분야를 쉽게 배울 수 있다.	교훈

 실수에서 배우는 '교훈'은 다음에 더 잘할 수 있는 기회를 주지요.

28일차

월   일

業 일 업

 뜻   소리

눈으로 익히기 1. 業(일 업)과 같은 한자에 ○표 하세요.

說 談 業 談   業
   談   談   說
業   說 路   路
     談   業
     談   路   說
路   說
  路   說 業 談

5개를 찾으세요!

쓰면서 익히기
2. 한자를 소리 내어 읽고 따라 쓰세요.

쓰는 순서	丨 丨丨 丨丨丨 业 业 业 业 业 丵 業 業
業 일 업	業 業 일 업 일 업

어휘 속 한자 찾기
3. 어휘를 따라 쓰고 業에 해당하는 뜻에 ○표 하세요.

수 業 가르칠 수 일 업	수업	지식이나 기능을 가르쳐 주는 ⓛ일
학 業 배울 학 일 업	학업	공부하여 학문을 닦는 **일**
직 業 맡을 직 일 업	직업	생활을 꾸려 나가기 위해 맡는 **일**
분 業 나눌 분 일 업	분업	**일**을 나누어서 함
졸 業 마칠 졸 일 업	졸업	교과 과정에 따라 공부하는 **일**을 마침

4장 예체능·학교생활

교과 어휘 익히기

4. 색깔 뜻풀이에 밑줄을 그으며 읽고, 빈칸을 채우세요.

수 업
가르칠 수 / 일 업

지식이나 기능을 **가르쳐 주는 일**

예) □□ 이 끝난 후에 친구들과 놀기로 했어요.

학 업
배울 학 / 일 업

공부하여 **학문을 닦는 일**

예) 수진이는 □□ 성적이 나보다 높아요.

직 업
맡을 직 / 일 업

생활을 꾸려 나가기 위해 맡는 일

예) 아빠의 □□ 은 소방관이에요.

분 업
나눌 분 / 일 업

일을 나누어서 함

예) 힘든 일도 □□ 을 하면 쉽게 해낼 수 있어요.

졸 업
마칠 졸 / 일 업

교과 과정에 따라 **공부하는 일을 마침**

예) □□ 후에 중학교에 진학해요.

어휘력과 문해력 키우기

5. 밑줄에 들어갈 어휘를 찾아 선을 연결하세요.

진로 체험 시간에 각 분야의 다양한 _____에 대해 자세히 배웠다.	졸업
모둠 활동에서는 _____하여 각자가 역할을 맡아 진행한다.	분업
_____ 시간에 친구와 몰래 장난을 치다 선생님께 들켜 혼이 났다.	수업
선생님은 힘든 일이 있어도 포기하지 말고 _____을 계속하라고 하셨다.	학업
우리는 _____을 한 달 앞두고 학교에서 기념사진을 찍었다.	직업

 '학업'은 학교에서 공부하고 배우는 모든 활동을 말해요.

29일차

談은 말씀, 이야기를 뜻하는 한자예요.

談 말씀 담
뜻 / 소리

눈으로 익히기

1. 談(말씀 담)과 같은 한자에 ○표 하세요.

5개를 찾으세요!

路 說 人 說 人 路
人 談 人 說 談
路 說 路
談 說 談
談 路 說
人

쓰면서 익히기

2. 한자를 소리 내어 읽고 따라 쓰세요.

쓰는 순서	` ｀ ㅗ ㅗ 声 言 言 言 言' 言火 訟 訟 訟 談 談
談 말씀 담	談 / 談 말씀 담 / 말씀 담

어휘 속 한자 찾기

3. 어휘를 따라 쓰고 談에 해당하는 뜻에 ○표 하세요.

속 談 풍속 속 　말씀 담	속담	예로부터 전해 오는 교훈이 담긴 ⓜ
상 談 서로 상 　말씀 담	상담	문제 해결을 위해 서로 **이야기**함
면 談 낯 면 　말씀 담	면담	만나서 얼굴을 보고 **이야기**함
덕 談 베풀 덕 　말씀 담	덕담	남이 잘되기를 기원하는 **말**
험 談 험할 험 　말씀 담	험담	남의 흠을 들추어 헐뜯어서 하는 **말**

4장 예체능·학교생활

교과 어휘 익히기

4. 색깔 뜻풀이에 밑줄을 그으며 읽고, 빈칸을 채우세요.

속 담
풍속 속 　말씀 담

예로부터 **전해 오는 교훈이 담긴 말**

예) 우리 할머니는 ☐☐을 많이 알고 계세요.

상 담
서로 상 　말씀 담

문제 해결을 위해 **서로 이야기함**

예) ☐☐을 받고 나니 기분이 나아졌어요.

면 담
낯 면 　말씀 담

만나서 **얼굴을 보고 이야기함**

예) 담임 선생님과 개별 ☐☐이 있었어요.

덕 담
베풀 덕 　말씀 담

남이 잘되기를 기원하는 말

예) 잘할 수 있을 거라는 선생님의 ☐☐에 용기가 생겼어요.

험 담
험할 험 　말씀 담

남의 흠을 들추어 **헐뜯어서 하는 말**

예) ☐☐은 친구의 마음을 아프게 해요.

어휘력과 문해력 키우기
5. 밑줄에 들어갈 어휘를 찾아 선을 연결하세요.

다른 친구를 _____ 하는 것은 좋지 않고, 관계도 나쁘게 만든다.	면담
설날에 할아버지께 세배를 하고 건강하라는 _____ 을 들었다.	덕담
시청에서 시장님을 직접 _____ 하여 인터뷰하고 학교 신문에 싣기로 했다.	험담
같은 반 친구들 문제로 위클래스에 가서 _____ 을 받았다.	속담
'세 살 적 버릇이 여든까지 간다'는 _____ 이 전해 내려온다.	상담

 우리는 '덕담'을 나누며 서로를 격려하고, 친구끼리 '험담'은 하지 않기로 해요.

30일차

월 일

路 길 로
(뜻) (소리)

눈으로 익히기 1. 路(길 로)와 같은 한자에 ○표 하세요.

說 路 感 路 感 說
感 說 人 路 人
人 路 感 說
人 說 感 路

5개를 찾으세요!

142

쓰면서 익히기 2. 한자를 소리 내어 읽고 따라 쓰세요.

쓰는 순서	一 丨 ㄇ ㄇ 朿 朿 宮 宮 铅 跂 跂 路 路 路			
路	路	路		
길 로	길 로	길 로		

어휘 속 한자 찾기 3. 어휘를 따라 쓰고 路에 해당하는 뜻에 ○표 하세요.

진 路
나아갈 진 / 길 로
→ 진로 → 앞으로 나아갈 (길)

통 路
통할 통 / 길 로
→ 통로 → 통하여 다니는 **길**

도 路
길 도 / 길 로
→ 도로 → 사람이나 차가 다니는 비교적 넓은 **길**

가 路 수
거리 가 / 길 로 / 나무 수
→ 가로수 → **길**을 따라 줄지어 심은 나무

교 차 路
오고 갈 교 / 갈래 차 / 길 로
→ 교차로 → 여러 갈래로 서로 엇갈린 **길**

교과 어휘 익히기

4. 색깔 뜻풀이에 밑줄을 그으며 읽고, 빈칸을 채우세요.

진로
나아갈 **진**   길 **로**

앞으로 **나아갈 길**

예) 나의 관심과 능력을 고려해서 ☐☐를 정해요.

통로
통할 **통**   길 **로**

통하여 다니는 길

예) ☐☐가 좁아서 한 줄로 걸었어요.

도로
길 **도**   길 **로**

사람이나 차가 다니는 **비교적 넓은 길**

예) ☐☐를 건널 때는 항상 좌우를 살펴요.

가로수
거리 **가**   길 **로**   나무 **수**

길을 따라 줄지어 심은 나무

예) 태풍에 ☐☐☐가 쓰러졌어요.

교차로
오고갈 **교**   갈래 **차**   길 **로**

여러 갈래로 서로 엇갈린 길

예) 다음 ☐☐☐에서 우회전하세요.

어휘력과 문해력 키우기

5. 밑줄에 들어갈 어휘를 찾아 선을 연결하세요.

복잡한 도심을 벗어난 차들은 고속 ____를 빠르게 달렸다.	교차로
____는 두 개 이상의 도로가 만나는 곳으로 사고가 많다.	진로
그는 의사에서 과학자로 ____를 바꾸고 열심히 공부하고 있다.	가로수
길에 줄지어 서 있는 ____에서 단풍잎이 흩날리고 있다.	통로
사람들이 오가는 ____에 물건을 놓으면 지나다니기 어렵다.	도로

 '진로'는 미래에 내가 어떤 일을 하고 싶고, 어떤 꿈을 이루고 싶은지 생각하는 거예요.

어휘 복습하기

1. 빈칸에 한자 어휘를 한글로 쓰세요.

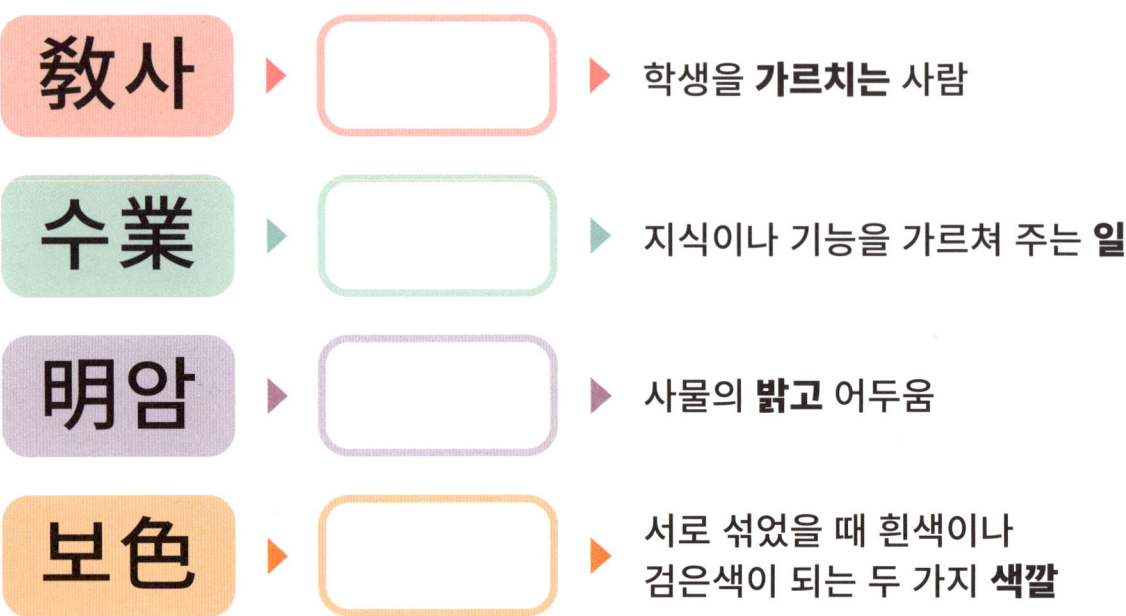

2. 대화의 밑줄 친 곳에 공통으로 들어갈 어휘를 쓰세요.

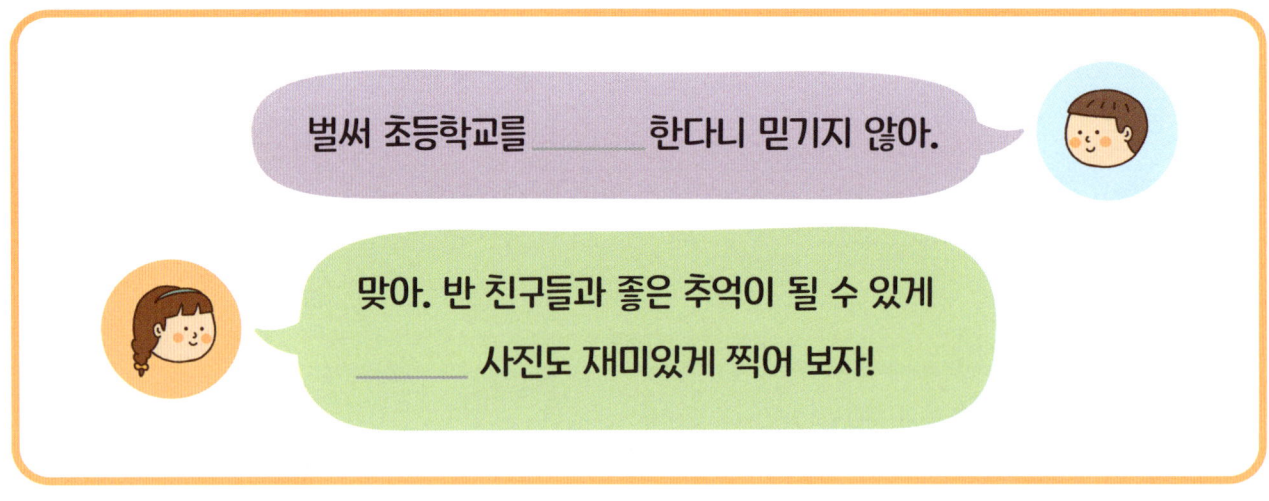

3. 빈칸에 알맞은 어휘를 보기에서 찾아 쓰세요.

> **보기**   색상환   합주   상담

① 음악 시간에 ☐ 연습을 하면서 협동하는 방법을 배웠다.

② 친구 문제로 ☐ 선생님과 이야기를 나누었다.

③ ☐ 을 이용해서 그림을 그릴 때 어울리는 색을 찾는다.

4. 초성을 보고 敎(가르칠 교)가 들어가는 어휘를 쓰세요.

① 수업 시간에 ㄱ ㄱ ㅅ 를 읽고 중요한 부분에 밑줄을 긋는다. ✎ _____

② 선생님은 ㄱ ㅁ ㅅ 에서 교재를 준비하고 행정 업무를 하신다. ✎ _____

5. 다음 문장에 어울리는 어휘를 골라 ○표 하세요.

   ❶ 전래 동화에는 삶의 (면담 / 교훈)이 담겨 있다.

   ❷ 음료를 담은 컵은 (조명 / 투명)해서 안쪽에 들어 있는 재료가 잘 보인다.

6. 밑줄에 들어갈 어휘를 글자 카드에서 만들어 쓰세요.

   ❶ 졸업식에서 학생들이 강당에 모여 교가를 _____ 하면서 눈물을 흘렸다.

   창   합   복

   ❷ '가는 말이 고와야 오는 말이 곱다'는 _____이 있듯이 먼저 친절해야 한다.

   속   덕   담

7. 가로 열쇠와 세로 열쇠의 뜻풀이를 읽고 퍼즐을 완성하세요.

가로 열쇠

3 색의 밝은 정도.
4 여러 갈래로 서로 엇갈린 길.
7 색상을 갖지 않는 색.
8 생활을 꾸려 나가기 위해 맡는 일.

세로 열쇠

1 빛이 통과하지 못해 속이 밝게 비치지 않는 것.
2 앞으로 나아갈 길.
5 색상이 있는 색.
6 일을 나누어서 함.

정답

1일차

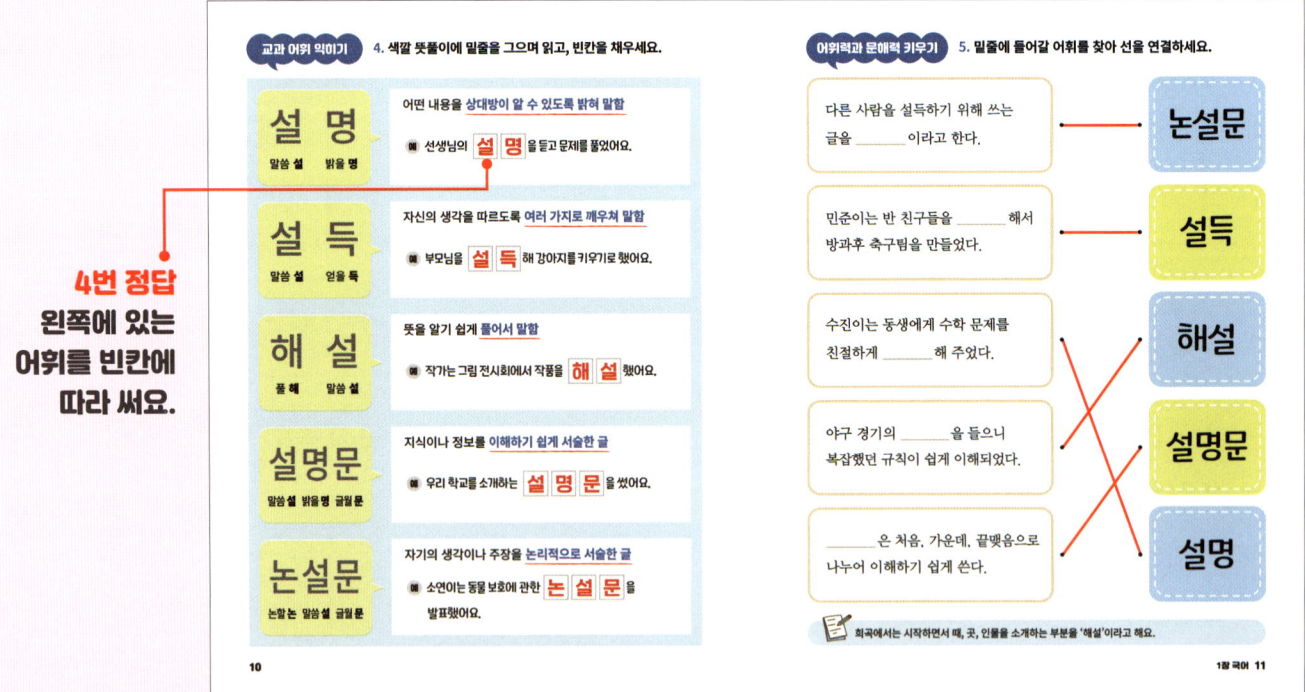

* 2일차부터는 1번과 5번 문제 정답만 실었습니다.

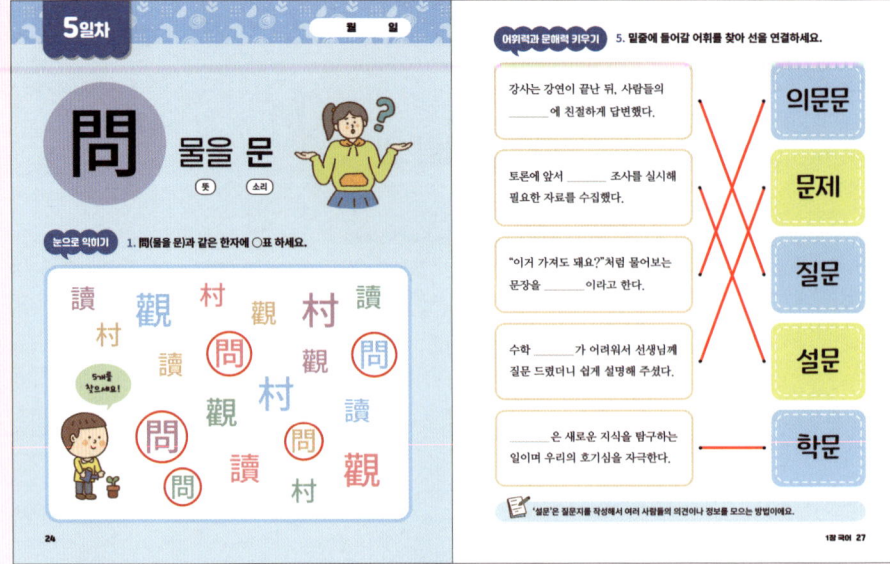

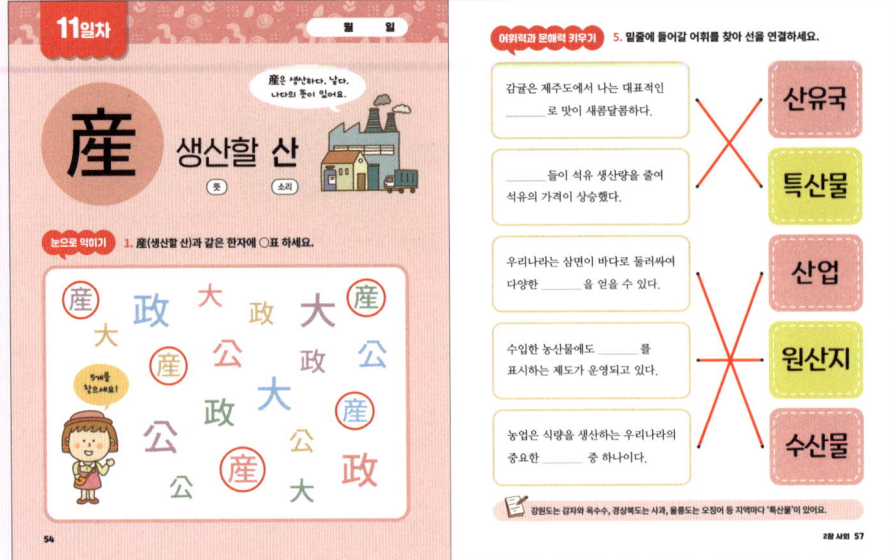

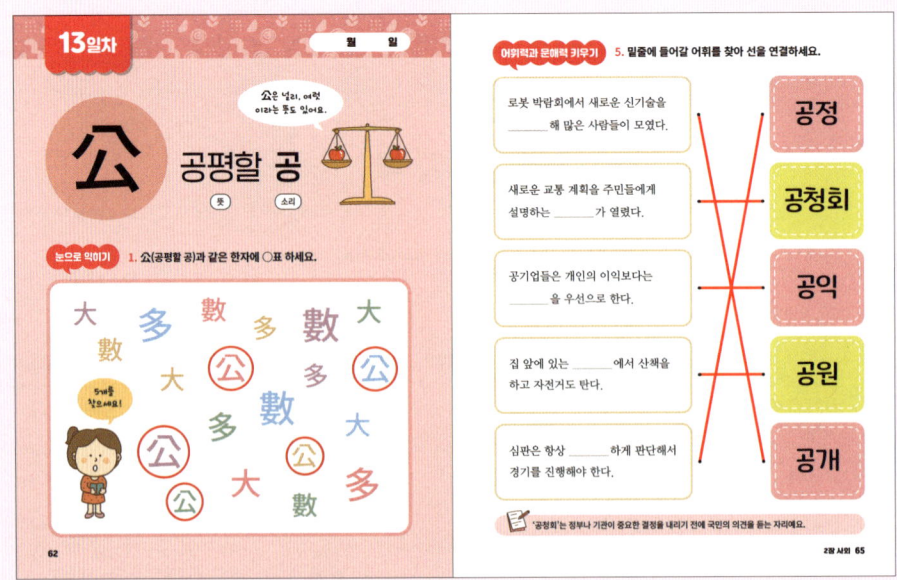

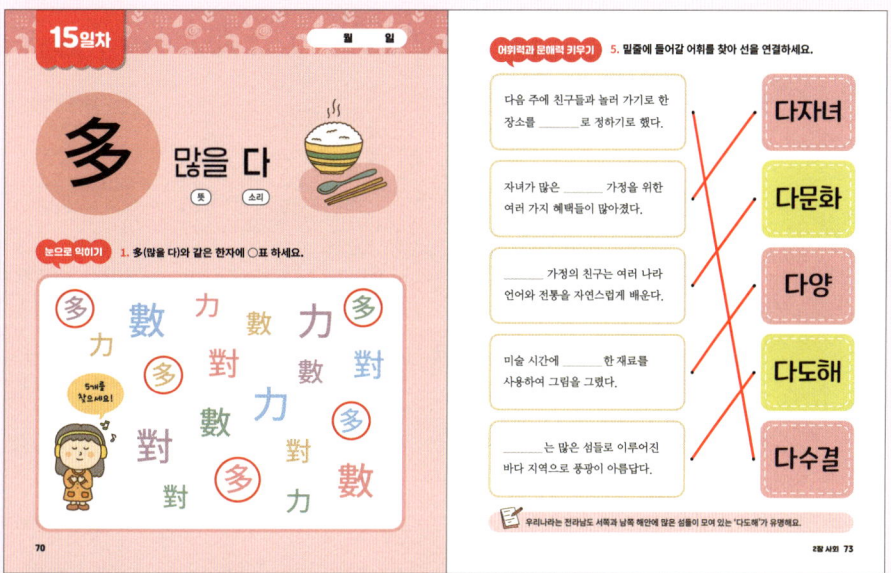
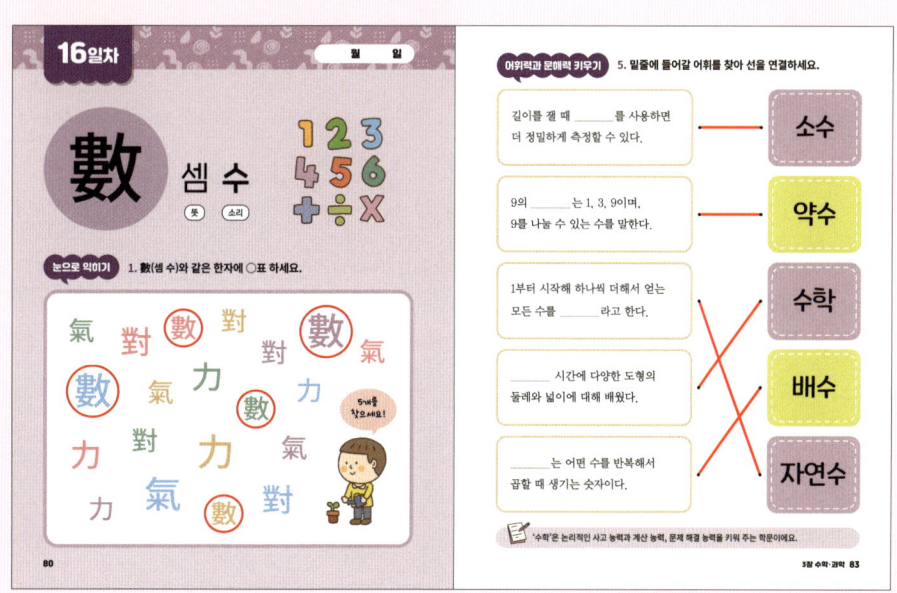

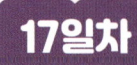

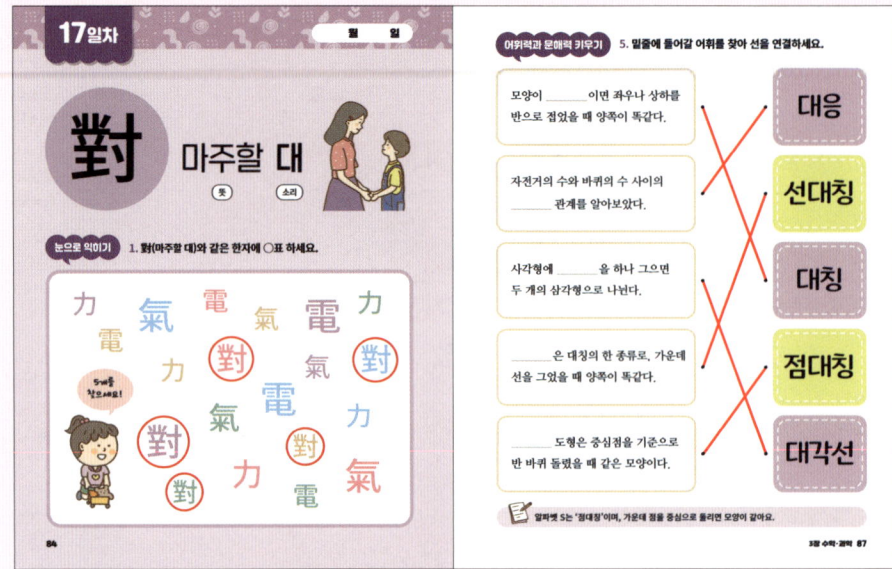

20일차
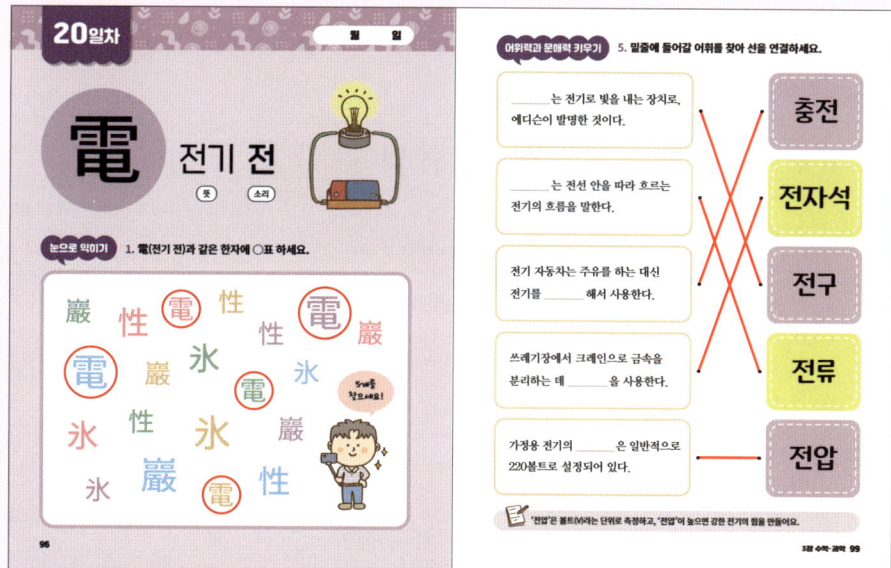

21일차

22일차

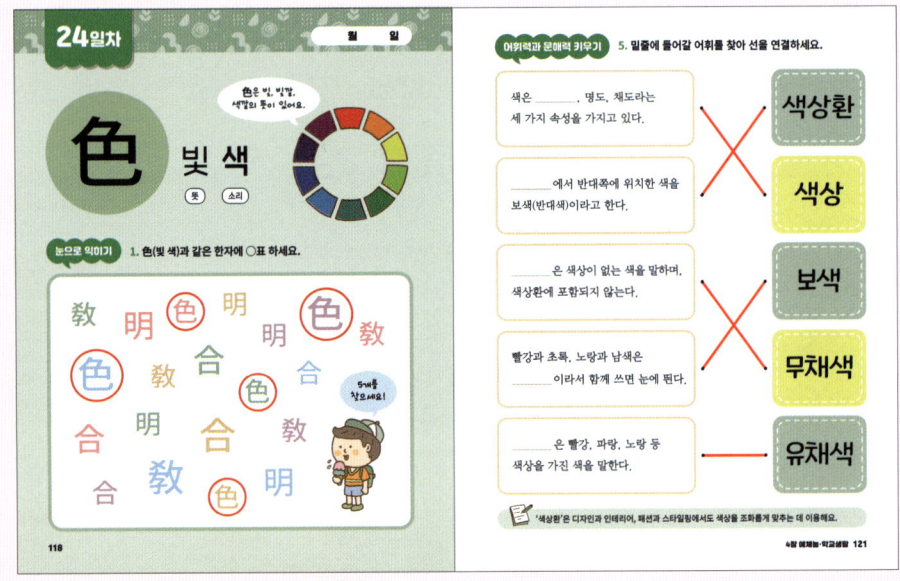
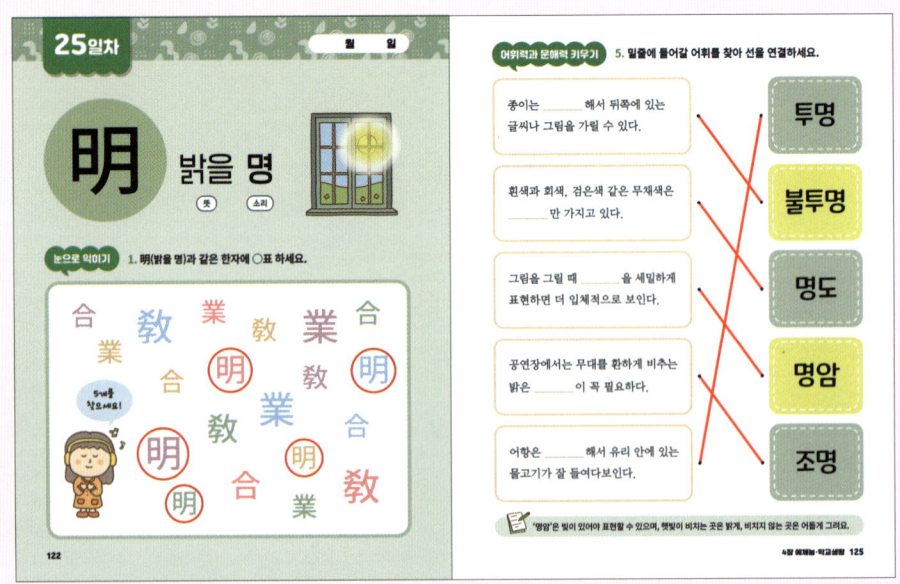

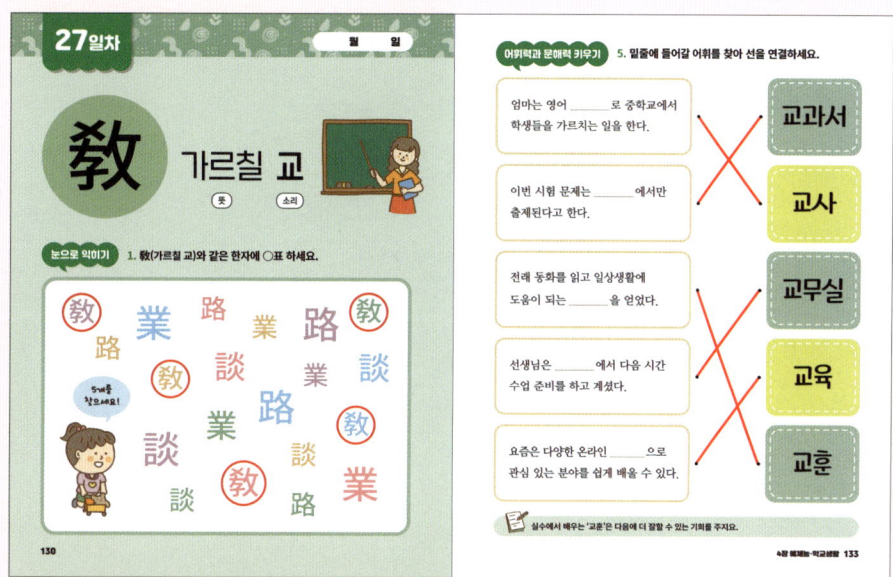
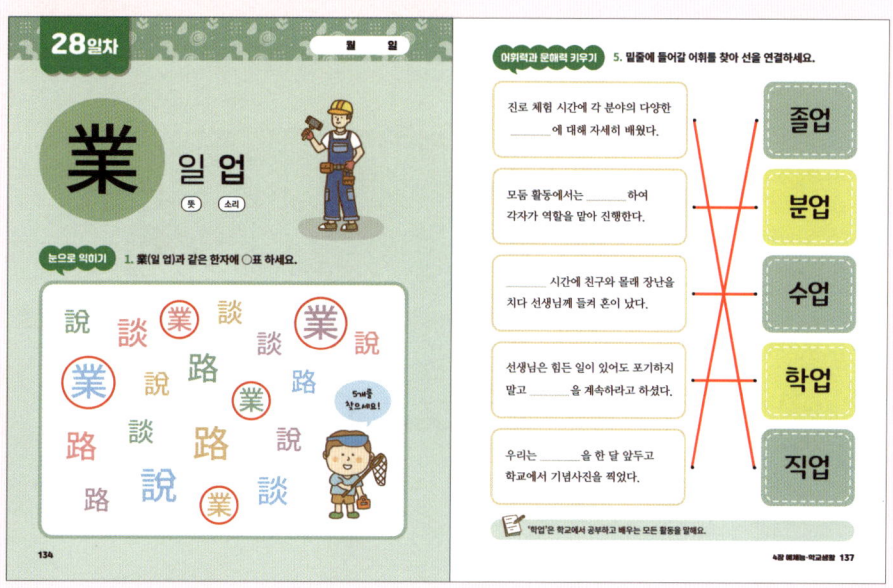

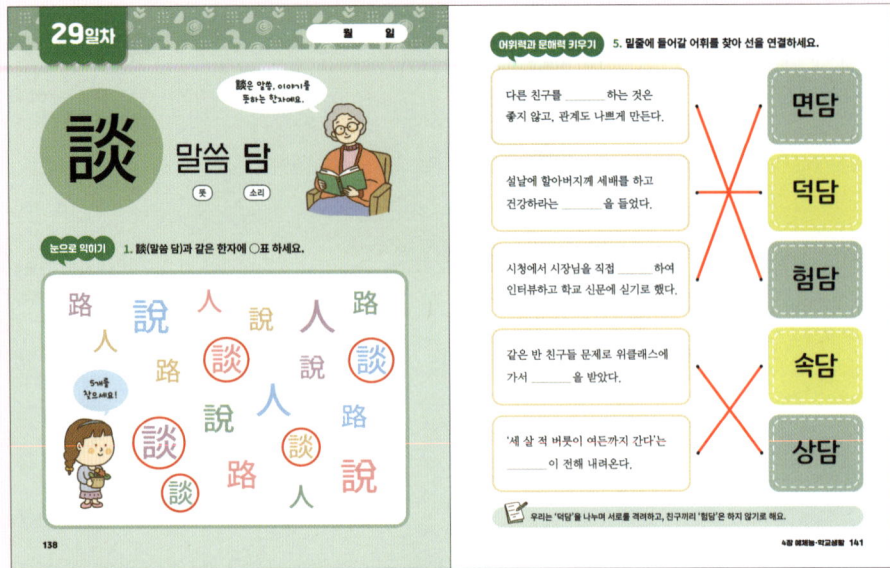
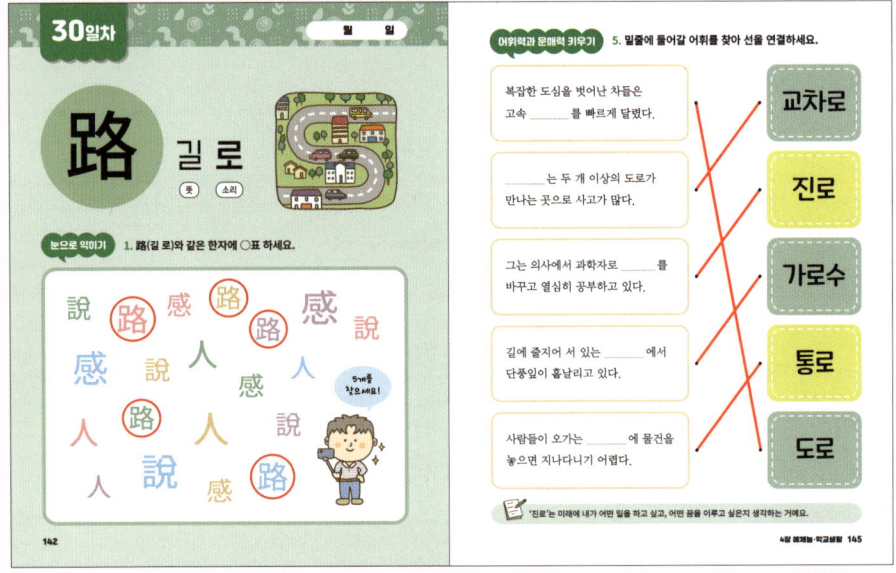

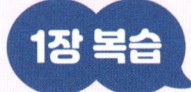

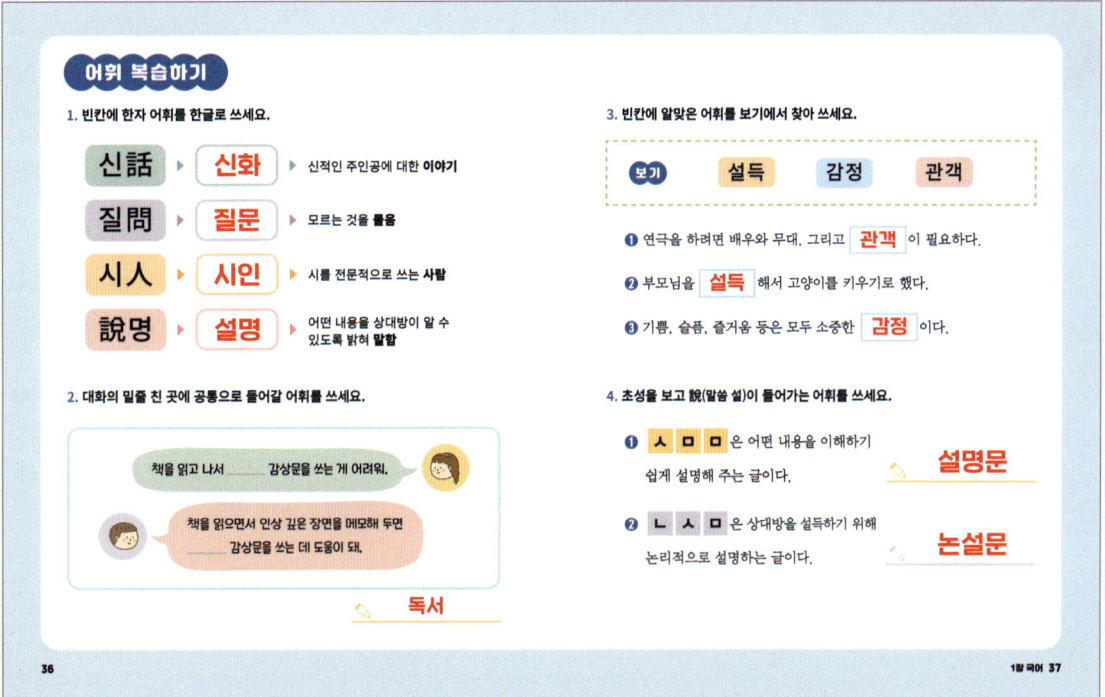

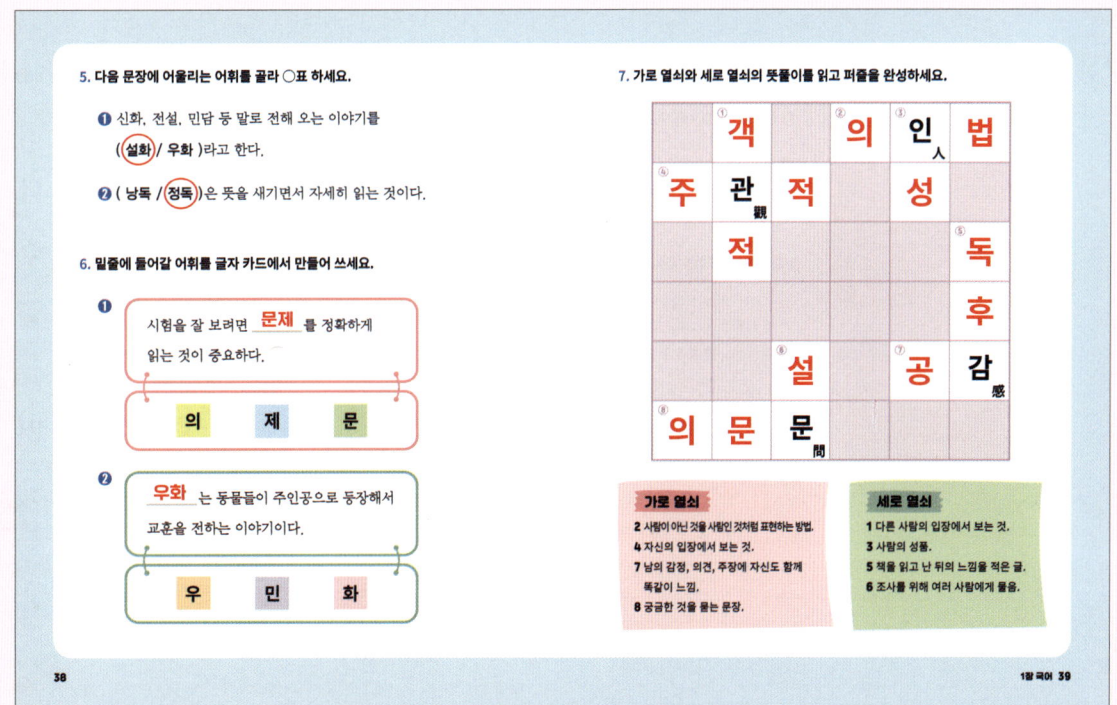

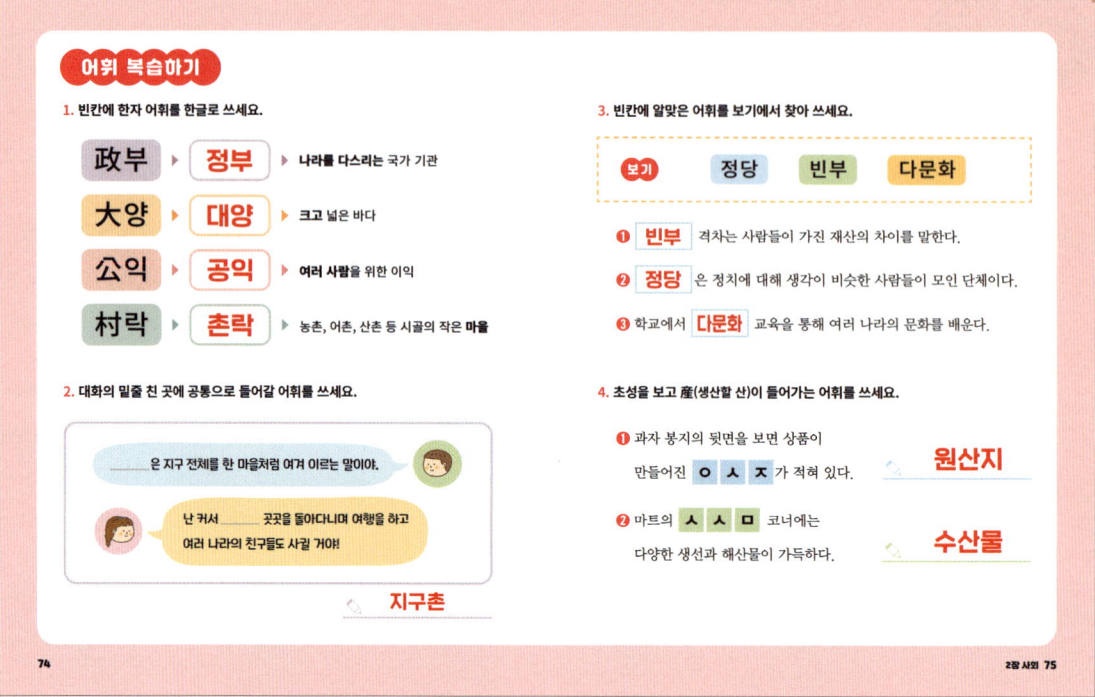

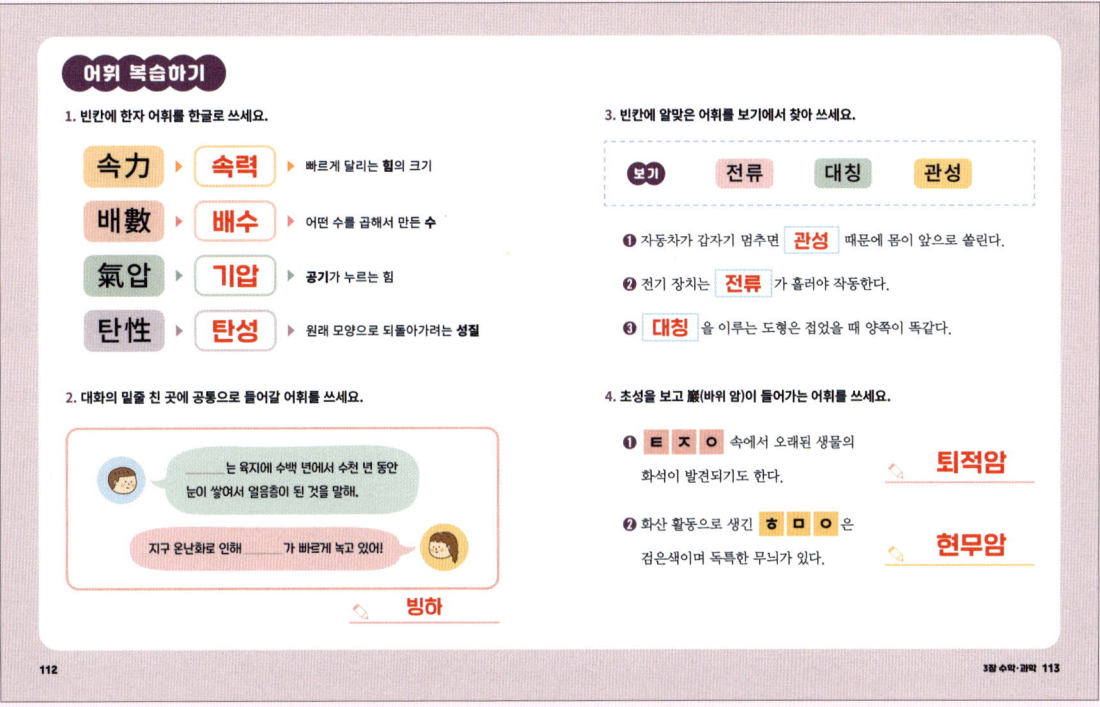

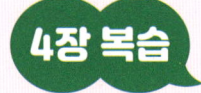
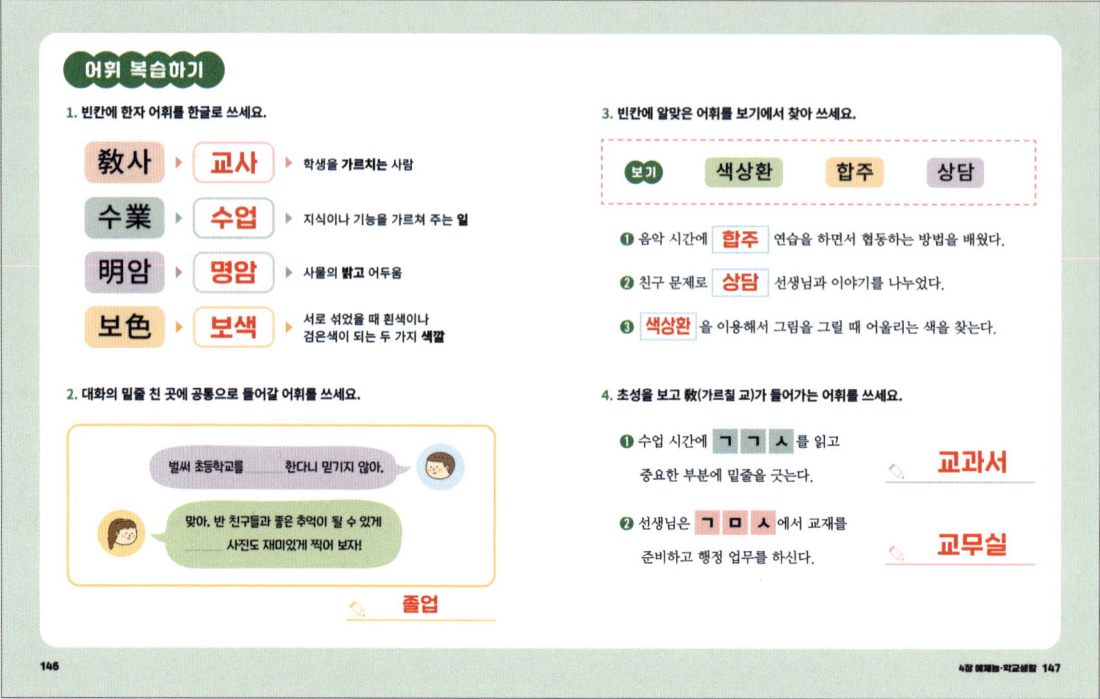

찾아보기

ㄱ

가능성 可能性 101
가로수 街路樹 143
가치관 價値觀 33
감각 感覺 17
감정 感情 17
감탄문 感歎文 17
개인 個人 13
객관적 客觀的 33
고기압 高氣壓 93
공감 共感 17
공개 公開 63
공원 公園 63
공익 公益 63
공정 公正 63
공청회 公聽會 63
관객 觀客 33
관성 慣性 101
관점 觀點 33
교과서 教科書 131
교무실 教務室 131
교사 教師 131
교육 教育 131
교차로 交叉路 143
교통 交通 47
교훈 教訓 131
국정 國政 59
규칙성 規則性 101

기압 氣壓 93
기온 氣溫 93
기체 氣體 93

ㄴ, ㄷ

낭독 朗讀 29
논설문 論說文 9
농촌 農村 43
다도해 多島海 71
다문화 多文化 71
다수결 多數決 71
다양 多樣 71
다자녀 多子女 71
대각선 對角線 85
대륙 大陸 67
대설 大雪 67
대양 大洋 67
대응 對應 85
대첩 大捷 67
대칭 對稱 85
대패 大敗 67
대화 對話 21
덕담 德談 139
도로 道路 143
독서 讀書 29
독해 讀解 29
독후감 讀後感 17

ㅁ, ㅂ

면담 面談 139
명도 明度 123
명암 明暗 123
무채색 無彩色 119
묵독 默讀 29
문제 問題 25
민속촌 民俗村 43
배수 倍數 81
보색 補色 119
부국 富國 51
부력 浮力 89
부유 富裕 51
부유층 富裕層 51
부자 富者 51
분업 分業 135
불투명 不透明 123
빈부 貧富 51
빙붕 氷棚 105
빙산 氷山 105
빙하 氷河 105

ㅅ

사암 砂巖 109
산업 産業 55
산유국 産油國 55
상담 相談 139
색상 色相 119

색상환 色相環 119
석빙고 石氷庫 105
석회암 石灰巖 109
선대칭 線對稱 85
설득 說得 9
설명 說明 9
설명문 說明文 9
설문 設問 25
설화 說話 21
소수 小數 81
소통 疏通 47
속담 俗談 139
속력 速力 89
수산물 水産物 55
수업 授業 135
수학 數學 81
시인 詩人 13
신화 神話 21

ㅇ

압력 壓力 89
약수 約數 81
어촌 漁村 43
우화 寓話 21
원산지 原産地 55
유채색 有彩色 119
유통 流通 47
의문문 疑問文 25

의인법 擬人法 13
이암 泥巖 109
인물 人物 13
인성 人性 13

ㅈ
자연수 自然數 81
저기압 低氣壓 93
전구 電球 97
전류 電流 97
전압 電壓 97
전자석 電磁石 97
점대칭 點對稱 85
정권 政權 59
정당 政黨 59
정독 精讀 29
정부 政府 59
정치 政治 59
조명 照明 123
졸업 卒業 135
종합 綜合 127
주관적 主觀的 33
중력 重力 89
중성 中性 101
지구촌 地球村 43
직업 職業 135
진로 進路 143
질문 質問 25

ㅊ, ㅌ, ㅍ
촌락 村落 43
충전 充電 97
탄성 彈性 101
통로 通路 143
통신 通信 47
통신사 通信使 47
통합 統合 127
퇴적암 堆積巖 109
투명 透明 123
특산물 特産物 55
풍력 風力 89

ㅎ
학문 學問 25
학업 學業 135
합동 合同 127
합주 合奏 127
합창 合唱 127
해빙 解氷 105
해설 解說 9
험담 險談 139
현무암 玄武巖 109
화법 話法 21

글 이미선

대학 졸업 후 잡지사와 출판사에서 일하며 서울을 누볐으며,
지금은 제주에서 아이들과 함께 섬 곳곳을 누리며 기획편집자로 일하고 있습니다.
그동안 쓴 책으로는 《국어가 쉬워지는 초등 어휘력 사전》, 《국어가 쉬워지는 초등 맞춤법 사전》,
《하루 10분 맞춤법 따라쓰기》, 《하루 10분 초등 한자 따라쓰기》, 《하루 10분 속담 따라쓰기》,
《하루 10분 초등교과 가로세로 낱말퍼즐》, 《교육용 기초 한자 1800자 쓰기노트》 등이 있습니다.

그림 은소시

대학교에서 디자인을 전공했으며, 편집 디자이너와 일러스트레이터로 활동하고 있습니다.
어린 시절의 꿈을 이루어 일러스트레이터로서의 활동을 이어가고 있는 지금,
꿈같은 시간을 보내고 있습니다. 예쁘고 멋진 그림보다는 사람들에게 기억에 남고
공감을 불러일으킬 수 있는 그림을 그리기 위해 다양한 분야에서 꾸준히 노력하고 있습니다.

하루 10분 초등 문해력 한자 어휘편 3단계

초판 1쇄 인쇄 2024년 10월 5일
초판 1쇄 발행 2024년 10월 10일

글 이미선
그림 은소시
펴낸이 박수길
펴낸곳 (주)도서출판 미래지식
디자인 design ko

주소 경기도 고양시 덕양구 통일로 140 삼송테크노밸리 A동 3층 333호
전화 02)389-0152
팩스 02)389-0156
홈페이지 www.miraejisig.co.kr
전자우편 miraejisig@naver.com
등록번호 제 2018-000205호

* 이 책의 판권은 미래지식에 있습니다.
* 값은 표지 뒷면에 표기되어 있습니다.
* 잘못된 책은 구입하신 서점에서 바꾸어 드립니다.
* Noun Project의 아이콘을 활용했습니다.

ISBN 979-11-93852-18-7 64700
ISBN 979-11-93852-15-6 (세트)